政党外交论丛 ‖ 申险峰・主 编 徐 亮/邢新宇・副主编

日本的大陆战略取向及其东亚合作

Japan's Continental Strategic Orientation and East Asian Cooperation

朱荣生 申险峰◎著

时事出版社
北京

本书受到北京第二外国语学院教师队伍建设—教师教学促进—双培计划虚拟教学团队建设（544013/004）项目资助

目　　录

绪　论

日本位于欧亚大陆边缘地带，是由6800多个岛屿组成的弓形结构群岛，主要由本州、九州、四国和北海道四个大岛屿组成，它们从欧亚大陆的东北海岸线向下延伸，连接着周围的很多小岛屿，向南连接着琉球群岛、中国的台湾和在南海上的岛屿，形成了一个环绕亚洲大陆东端的岛链。日本作为一个岛国，资源极端匮乏，其陆地上除了盛产木材之外，其他可用资源极为稀缺。日本本岛65%以上是山地，不利于农耕，适合于农耕的田地仅占20%左右。日本狭窄而有限的土地承载着庞大的人口，其东面又是浩瀚无垠的太平洋，这样的地理构成让日本从国家建构之初就将西边的东亚大陆作为主要对外发展方向。曾有一种观点认为，日本要“确保自己在日本海、东海和南海的地缘主导地位，即在政治、经济和军事方面需要控制朝鲜半岛和中国、琉球、东南亚国家，而后向亚洲内陆扩张。这成了日本的经典扩张路径”①。

---

① Raphael Israeli, “The Three Lakes in Japan's Strategy in East and Southeast Asia”, *Strategic Analysis*, Vol. 24, No. 5, 2000, pp. 987 – 1003.

明治维新后的日本接受了西方强权政治中“丛林法则”逻辑，对朝鲜半岛进行殖民，发动侵华战争，企图控制整个东亚大陆，进而实施称霸亚洲的“大陆政策”。19世纪末，日本成为亚洲第一个工业化国家。处于战略上升期的日本打败了当时的清朝，并且迫使其割地赔款。[①] 20世纪初，日本又战胜沙皇俄国，扩大了自己在朝鲜半岛和中国辽东半岛的势力范围。日俄战争后，日本国内出现了一种独占亚洲、排除西方和俄罗斯在亚洲扩张影响力的地缘政治目标。[②] 日本积极地打造自己在东亚地区的强国形象，想利用军事优势将东亚变为殖民地，从而和西方国家抗衡。日本对亚洲边缘地带的朝鲜半岛、琉球群岛和东南亚地区展开进攻，之后又发动了侵华战争和太平洋战争，试图最终在东亚大陆上建立一个日本主宰的“大东亚共荣圈”。然而，在太平洋战场和中国战场的失败最终让日本走上末路。

冷战期间，日本通过接手西方国家在东亚一系列热战中的“特需”订单而逐渐恢复了其较为先进的经济结构。而后，日本通过对外投资和产业分工的方式，在东亚构筑了以“亚洲四小龙”为中间产品供应基地，以东南亚国家联盟（以下简称东盟）工业化国家为零部件生产据点，以中国大陆劳动密集型产业为支撑的产业链和经济合作带。

---

① Zhang Yunling, “Emerging New East Asian Regionalism”, *Asia Pacific Review*, Vol. 12, No. 1, 2005, p. 55.

② Gilbert Rozman, “Internationalism and Asianism in Japanese Strategic Thought from Meiji to Heisei”, *Japanese Journal of Political Science*, Vol. 9, No. 2, 2008, p. 217.

日本很快通过各种组织建构起以自己为中心的产业分工体系来主导东亚经济和工业化过程。应该说，日本所建构的这种“垂直分工”产业结构，对东亚国家的经济发展一度起到推动和提升的积极作用，但背后却隐含着日本百年来通过对东亚大陆的控制，使自身利益最大化，从而支配和领导整个东亚的战略追求。

1997 年金融危机后，东亚地区逐渐进入以东盟十国与中日韩三国的“10 + 3”机制为主导的区域合作进程中。日本开始积极参与到东亚合作中，并试图主导区域制度合作。2001 年，小泉纯一郎首相提出建设“东亚共同体”。2003 年，日本与东盟签署《东京宣言》以及“共同行动计划”，明确提出建设“东亚共同体”，以此抗衡“中国—东盟自由贸易区”谈判，尝试获取在东亚区域合作中的主导性地位。① 日本坚持邀请印度、澳大利亚和新西兰加入到“东亚共同体”的建构之中，并且围绕着东亚峰会成员和议程设置同中国展开竞争。② 这一趋势让东亚合作逐渐变成了地缘竞争的一部分。③

① 苏浩：《东亚整合的艰难之路：“平轴”—“胡桃”—“双核”模式的建构》，世界知识出版社 2018 年版，第 352 页。

② 2018 年 8 月 7 日在北京对外交学院苏浩教授的访谈，他表示：“2004—2006 年期间我到日本参加东亚区域合作系列会议时，日方智库人员总是强调日本在区域管理和产业建构方面的领导地位，并尽力防范和阻挠中国在东亚区域合作进程中发挥引领作用。”

③ 2017 年 10 月 10 日在日本东京对日本青山学院大芝亮教授的访谈。

一、研究问题

从日本百年来的战略选择看，似乎呈现出一种意欲主导东亚大陆的战略取向。日本先后以武力的“大东亚共荣圈”和经济的“雁行模式”主导东亚的发展。1997年东亚开启区域合作进程，日本改变方式，想要以制度引领的方式再一次主导东亚大陆的发展。通过对日本大陆战略取向及其东亚合作行为的研究，笔者尝试创新性探索下面的问题：日本对东亚的战略取向到底是什么？在冷战后的东亚合作中，日本主导东亚大陆发展的战略取向经历了一个怎样的演变过程？大陆战略取向在主导日本对外战略的过程中，面临何种外部挑战和官僚政治的掣肘？

为了解答上述问题，笔者将梳理有关战略取向的理论研究，建立战略取向的分析模型，并且讨论大陆战略取向对日本东亚合作行为的影响。一些从外交行为的角度进行分析的研究成果将战略取向视为战略目标或者某种战略[①]、

① Bass Gary, *The United States and the International Criminal Court: National Security and International Law*, Rowman & Littlefield Publishers, 2000, p. 97. 塞尔维亚的防卫政策目标来自其战略取向，即建立有效的防卫系统，和平和良好的安全环境，融入到欧洲和其他国际安全结构中。Hao Yufan, CX George Wei and Lowell Dittmer, eds., *Challenges to Chinese Foreign Policy: Diplomacy, Globalization, and the Next World Power*, Kentucky University Press, 2015, p. 58.

战略方向和重点[①]、战略传统[②]。这些研究虽然使用了“战略取向”这一说法，但是对其定义和影响战略行为的过程缺乏讨论。除了这些研究外，现有对战略取向的研究主要有三类，即战略文化对战略取向的影响、战略取向类型学和战略取向对外交行为的影响。这些研究从各自的角度出发，做出了有意义的讨论。但是，既有研究并未系统性回答战略取向如何影响了战略行为。战略取向决定了一个国家的主要战略方向和战略路径，明显地影响了战略决策和战略行为。一个国家可能具有多种战略取向。当倾向于某种战略取向的政治家成为领导人后，和他有相同或相似战略取向的人可能会聚集在他的身边影响战略决策。为政治家提供战略方案的政府机构也非铁板一块，政府机构之间对于国家的外交政策也有不同的取向。这就让战略决策成了一个不同取向之间相互博弈、最终影响战略行为的过程。

随着中国在东亚合作中的影响力提升，日本越发难以主导东亚大陆的发展，大陆战略取向逐渐陷入困境。日本不得不从大陆退向海洋，寻找新的战略力量应对现状，海洋战略取向逐渐占据主导地位。但是作为传统的大陆战略

① Schenker David Kenneth, *Dancing with Saddam: The Strategic Tango of Jordanian – Iraqi Relations*, Lexington Books, 2003, p. 91. 事实上，伊拉克和美国之间的平衡行为给约旦1990年依赖的外交政策打上了标志，约旦的战略取向有时倾向于它的贸易伙伴伊拉克，有的时候倾向于地区安全伙伴美国。Shambaugh David, “Assessing the US ‘Pivot’ to Asia”, *Strategic Studies Quarterly*, Vol. 7, No. 2, 2013, p. 11. 从2001年开始，美国的主要战略取向是东南亚。

② Ikenberry G. John, Chung in Moon, eds., *The United States and Northeast Asia: Debates, Issues, and New Order*, Rowman & Littlefield Publishers, 2007, pp. 24 – 25. 伊肯伯格认为美国有现实的和自由的两种取向传统。

取向是否有可能再次回归主流？或者，日本会不会选择海陆并重的战略目标？换而言之，日本是选择同中国共同推进东亚合作、追求共同发展，抑或不愿放弃主导合作进程而实用主义地利用东亚合作？无论日本做出何种选择，都对中国的东亚合作政策研究有重要的现实意义。

了解日本外交决策者的看法对于分析其对外政策十分重要。外交决策者的认知、外交构想、政策判断等是政策制定的重要影响因素。所以，笔者利用近年来日本外务省史料馆公开的大量史料就日本的外交决策传统进行研究，希望能够追溯其大陆战略取向在战略决策中的战略传统。同时，笔者对日本现任和前任外务省官员、防卫省官员，以及日本知名学者进行了访谈，以此为基础思考日本东亚合作的战略决策，并对其进行更为直接深入的了解和研究。

二、文献综述

（一）国外研究成果

1. 作为大战略的东亚合作

对于日本大陆战略取向的研究离不开对日本大战略的讨论。日本庆应大学的细谷雄一教授在其所著的《日本对东亚的两个战略：日本外交战略的演进》中认为，日本有两个大战略或者说是两个战略取向，即“自由与繁荣之弧”和“东亚共同体”。前者是“价值取向的外交”，日本将加深和有所谓相似“价值观”的国家的关系；后者则是“利益取向的外交”，日本将加强和新兴经济体的经济关系，共同推动东亚区域合作。“两种构想并不必然矛盾，是基于两种思想和战略取向。”[①] 他认为，决定某种战略取向占据主导地位的是国际环境和战略决策。外部的地缘环境决定了日本对亚洲有两种地缘构想；政府机构和政治精英选择某一种构想，将之转变为战略文本，反映在战略决策中，最终落实为战略行为。

如果将“东亚共同体”作为一种战略取向的话，可以在某种程度上追溯到明治维新时期。在20世纪80年代岗崎久彦认为，从1895年到1945年，日本大战略构想日渐明确，就是以军事手段控制亚洲，将亚洲作为实现其争霸全球战略目标的支撑。[②] 日本从海外获取先进技术在亚洲建立经济优势地位，同时以军事力量拓展自己的势力范围并提升其国家威望，最终建立一个囊括东北亚和东南亚以及南太平洋地区的“大东亚共荣圈”。[③] 肯尼思·派尔认

① Hosoya Yuichi, “Japan's Two Strategies for East Asia: The Evolution of Japan's Diplomatic Strategy”, *Asia - Pacific Review*, Vol. 20, No. 2, 2013, pp. 146 - 156.

② Okazaki Hisahiko, *A Grand Strategy for Japanese Defense*, America University Press, 1986, pp. 75 - 76.

③ Mimura Janis, “Japan's New Order and Greater East Asia Co - Prosperity Sphere: Planning for Empire”, *The Asia - Pacific Journal: Japan Focus*, Vol. 9, No. 49, 2011, p. 7; Harrison Mark, *The Economics of World War II: Six Great Powers in International Comparison*, Cambridge University Press, 2000.

为，日本将自己视为亚洲的“优秀种族”，想要领导亚洲国家实现其所谓的“共存共荣”。这种心理在冷战后依然作祟，日本认为自己是接受西方先进文明快速实现现代化的亚洲国家，以高傲的心态在20世纪90年代在东亚构筑其领导的“垂直分工”体系。①

一些国外学者认为，日本在东亚构筑“雁行模式”是“大东亚共荣圈”的延续。② 在查莫斯·约翰逊看来，“这一战略的实质是在亚太地区建造一个新版‘大东亚共荣圈’。这一次是建立在真正繁荣的基础上。为了实现这一战略，日本在政治上安抚中国，在经济上使中国更加依赖于日本；与东南亚国家联盟形成真正的劳动分工；利用其大量的经济外援作为战略手段，与目标国家建立长期的联系；让新立的天皇出访国外，以消除二战期间军事掠夺造成的不利影响；将人员和贸易公司派驻到条件成熟的发展中国家，如印尼、缅甸、俄罗斯亚洲地区以及朝鲜”。③ 埃里克·赫金博瑟姆和理查德·萨缪尔斯也同样认为，日本在20世纪90年代实施的大战略和明治维新后的政策有相似的逻辑。日本把获取的技术转化为在东亚的经济主导地位，进而在政治上实现“正常国家”诉求，其最终目的是在保证自己经济安全的同时和美国在政治上平

① Pyle Kenneth, *Japan Rising: The Resurgence of Japanese Power and Purpose*, Public Affairs, 2009.

② Fumitaka Furuoka, "Japan and the 'Flying Geese' Pattern of East Asian Integration", *Journal of Contemporary Eastern Asia*, Vol. 4, No. 1, 2005, pp. 5 - 7.

③ ［美］理查德·罗斯克兰斯、阿瑟·斯坦主编，刘东国译：《大战略的国内基础》，北京大学出版社2005年版，第215页。

起平坐。[1]

主导亚洲发展的战略惯性延续到日本冷战后的东亚合作行为中。从地图上看，无论是“10＋3”领导人峰会还是“10＋6”东亚峰会，其成员构成基本和“大东亚共荣圈”的范围重合。而且从战略实施的过程来看也极其相似，先是掌控东亚大陆边缘地带，而后向东亚大陆腹地进发，最终以掌控东亚大陆整体作为战略目标。两者之间的共通之处是日本都将东亚大陆作为主要战略方向，力争在东亚大陆塑造一个对日本有利的战略环境。这也就自然而然地让日本将中国既视为合作伙伴，也视作竞争对手。

日本学者对东亚合作的态度有两种观点。一种观点认为日本应该加强和中国的合作。持此种观点的日本学者较为支持鸠山由纪夫提出的“东亚共同体”构想。谷口诚认为日本应该推动和东亚国家的合作，加强地区一体化来助推日本的发展，改善日本和周边国家的关系。[2] 在羽场久美子看来，日本应该积极推动东亚合作，实现和亚洲国家之间的和解，而不应该过于追随美国或者强调美日同盟。[3] 持另一种观点的学者则倾向于从权力平衡的角度出发，主

---

① Eric Heginbotham, Richard J. Samuels, "Mercantile Realism and Japanese Foreign Policy", *International Security*, Vol. 22, No. 4, 1998, p. 174.

② 谷口誠、『東アジア共同体－経済統合のゆくえと日本東アジア共同体－経済統合のゆくえと日本』、岩波書店、2004 年版、第 55－68 頁。

③ 羽場久美子、『国際政治から考える東アジア共同体』、ミネルヴァ書房、2012 年版；羽場久美子、『グローバル時代のアジア地域統合：日米中関係と TPP のゆくえ』、岩波書店、2012 年版。

张建立日本主导的东亚合作进程，更加强调美日同盟的影响、合作中的主导权、和中国的竞争，等等。他们对鸠山由纪夫的“东亚共同体”构想持怀疑态度，认为日本推动东亚合作要顾及美国的利益。[①] 在日本主导亚洲的“雁行模式”中，如果不是美国在东亚发挥重要作用，该模式在最开始就不会出现。[②] 所以，一个排除美国或者不顾及美国利益的东亚合作难以实现。而且在政治和安全上，日本也需要美国的支持。小原雅博认为，为了防止其他国家主导东亚合作进程，必须将美国纳入到东亚合作进程中；日本应在东亚合作中确立民主价值，及加强与有所谓“共有价值观”的国家合作，而不是将追求中国市场作为自己的东亚战略。[③] 2006 年，日本首相安倍晋三与外相麻生太郎大力倡导建立“自由与繁荣之弧”。

“自由与繁荣之弧”作为一种大战略或者战略取向，其传统可以追溯到日本在一战中和英国结盟，以及二战后和美国结盟。这二者有共同之处，就是日本往往会和海洋国家结盟，利用盟国的力量对抗大陆国家或者应对来自大陆的威胁。日本冷战期间的大战略可以概括为“吉田主义”。简单地说，“吉田主义”是二战后日本基于美日同盟

---

① 伊藤憲一、『日本外交と東アジア共同体構想』、『外交』、2010 年、第 1 号、第 60 - 67 頁。

② Terutomo Ozawa, “The (Japan - Born) ‘Flying - Geese’ Theory of Economic Development Revisited - and Reformulated from a Structuralist Perspective”, *Global Policy*, Vol. 2, No. 3, 2011, pp. 272 - 285.

③ 小原雅博、『東アジア共同体：強大化する中国と日本の戦略』、日本経済新聞社、2005 年版、第 6 頁。

在“非军事原则指导下的、低成本的安全政策”。① 在“吉田主义”影响下，日本获得美国的保护，而代价则是在国际政治上和美国保持一致，甚至是失去外交自主。② 日本必须在美国的亚太霸权之下实现自己的利益，任何寻求更大的政治权力而挑战美国霸权的行为都会受到美国的压制。③ PHP研究所出版的《日本的大战略》对日本自明治维新到21世纪的大战略进行了研究。该书认为，大战略要经历一个从出现到上升，再到稳定，而后进入下降期的过程。在下降期，国家会面临重大战略选择，决定大战略由此进入衰退还是再上升阶段。书中认为，日本在21世纪面临新的战略环境，需要改变过于依赖美国的战略，让日本的大战略进入“再上升”期。“自由与繁荣之弧”是“吉田主义”战略路径的延续和新的大战略选择。④

日本在欧亚大陆边缘地带建构“自由与繁荣之弧”是要加强和有所谓“共有价值观”的国家之间的合作关系，建立共同的“战略叙事框架”。通过这个“战略叙事框

① Hosoya Yuichi, “The Rise and Fall of Japan's Grand Strategy: The ‘Arc of Freedom and Prosperity’ and the Future Asian Order”, *Asia – Pacific Review*, Vol. 18, No. 1, 2011, p. 14.

② Richard J. Samuels, “Japan's Goldilocks Strategy”, *Washington Quarterly*, Vol. 29, No. 4, 2006, pp. 111 – 127.

③ Bobrow Davis B., “Hegemony Management: The US in the Asia – Pacific”, *The Pacific Review*, Vol. 12, No. 2, 1999, pp. 173 – 197; Mochizuki Mike M., “Between Alliance and Autonomy”, *Strategic Asia*, No. 5, 2004, pp. 103 – 138.

④ 山本吉宣、納家政嗣、井上寿一、神谷万丈、金子将史、『日本の大戦略（グランド・ストラテジー）：歴史的パワーシフトをどう乗り切るか』、PHP『日本のグランド・ストラテジー』研究会編、2012年版。

架”，动员“自由与繁荣之弧”上的国家平衡中国崛起带来的影响，加强相互之间的经济合作，重振日本的经济，让日本可以实现自己的外交战略诉求。[①] 在安倍晋三第二次执政后，“自由与繁荣之弧”虽然不再被提及，但是其战略路径却延续下来，不断强化美日同盟。[②] 为了降低被美国抛弃的可能性，日本加强和印度、澳大利亚的军事合作关系，在美国的同盟体系内创造一个日本主导的军事合作体系。这让日本可以在美日同盟之外有更多的安全选择。另外，美国担心日本脱离自己的掌控，所以会加强其在亚太地区的战略部署。

2. 争夺东亚合作领导地位

从“大东亚共荣圈”到“雁行模式”，日本对于东亚的区域一体化进程表现出了明显的主导取向。冷战结束后，“雁行模式”越来越不适合于东亚的现实发展。为了延续日本在东亚区域主义中的主导作用，日本试图引领东亚制度合作进程。

在现实主义者看来，国家将实现生存和自主视作无政

① Bacon P., Burton J., “NATO – Japan Relations: Projecting Strategic Narratives of ‘Natural Partnership’ and Cooperative Security”, *Asian Security*, Vol. 14, No. 1, 2018, pp. 38 – 50.

② Richard J. Samuels, Narushige Michishita, “Hugging and Hedging: Japanese Grand Strategy in the 21st Century”, *Worldviews of Aspiring Powers: Domestic Foreign Policy Debates in China, India, Iran, Japan, and Russia*, Oxford University Press, 2012, p. 22; Hornung Jeffrey W., “Japan's Growing Hard Hedge Against China”, *Asian Security*, Vol. 10, No. 2, 2014, pp. 97 – 122.

府状态下的首要目标。国家会追求实现相对利益，通过均势最大化自己的利益，为了追求权力平衡而进行合作。①

为了获得更多的权力，取得区域合作中的主导地位就成了关键。② 史蒂文·卢克斯认为，权力就是一方让另一方做不愿意做的事情，让对方向自己妥协而实现自己的利益；权力的另一面则是可以对集体决策施加影响。他认为每个决策系统内的行为体都会围绕着资源和议程进行博弈，这个博弈的结果需要权力来塑造。而某些行为体能够有决策的资格就是实际的权力。③ 在东亚发生的权力转移，对日本获取东亚合作领导地位的渴望提出了巨大挑战。为了弥补物质力量的不足，日本邀请美国、印度、澳大利亚和新西兰成为东亚峰会成员。寺田贵认为东亚峰会成员的扩大就是日本对于中国在地区政治和经济事务上影响力上升的反应。④

二战后日本接受美国的改造走上了经济立国的道路，将区域合作的重心放在太平洋地区。日本一桥大学教授小岛清提出“太平洋自由贸易区”设想并被日本政府采纳。

① Robert Gilpin, *Global Political Economy: Understanding International Economic Order*, Princeton University Press, 2001, pp. 77 – 82.

② Brian C. Schmidt, "Competing Realist Conceptions of Power", *Journal of International Studies*, Vol. 33, No. 3, 2005, pp. 523 – 549.

③ Steven Lukes, "Power: A Radical View", *London and New York: Macmillan*, 1974.

④ Terada Takashi, "The Origins of ASEAN + 6 and Japan's Initiatives: China's Rise and the Agent – Structure Analysis", *The Pacific Review*, Vol. 23, No. 1, 2010, pp. 71 – 92; Zhao Quansheng, "Japan's Leadership Role in East Asia: Cooperation and Competition between Japan and China", *Policy and Society*, Vol. 23, No. 1, 2004, pp. 111 – 128.

他在《肯尼迪回合和太平洋自由贸易地域构想：世界贸易的自由化和一体化》中指出，在肯尼迪政府时期，日本应该考虑是否促进贸易自由化，发起一个日本主导或者参与的太平洋经济共同体。他认为，“太平洋经济圈”建构的焦点在于通过政府援助、经营买卖、直接投资的方式，让“先进各国共同努力，有效地推进亚洲太平洋地区不发达国家的经济发展，从而使该地区实现繁荣与和平”。[①] 1978年大平正芳在竞选中提出了“环太平洋连带构想”，主张所有在亚太地区的国家以现有双边或多边合作关系为前提，开展广泛合作，以扩大和协调贸易，推进产业结构调整，建立资源开发和资金合作体系等。星野三喜夫认为，日本在冷战期间的区域合作中心是亚太地区，认同自己作为亚太地区的一员，支持开放的区域主义。[②]

到了20世纪90年代，美洲和欧洲逐渐形成了各自的自由贸易区，但亚洲没有组建起类似的合作机制。马来西亚总理马哈蒂尔对于东亚缺乏区域合作机制感到不满，希望建立一个日本扮演重要角色、不包括美国在内的区域合作。但是日本的态度十分谨慎。一种解释是，虽然日本在冷战期间将区域合作的中心放在亚太地区，但对日本来说，马哈蒂尔的东亚是一个模糊的区域概念，或者说东亚并不是日本区域合作的中心。日本在冷战期间认为，“美

① 小島清、『小島清名誉教授自作年譜』、日本評論社、1984年版、第512頁。

② 星野三喜夫、『「開かれた地域主義」と環太平洋連帯構想』、『新潟産業大学経済学部紀要』、2011年6月、第27-43頁。

国是中心”而自己是亚太地区成员，所以日本并不认为建构一个东亚区域的共同认同是当务之急，而且不认为接受马哈蒂尔的倡议获得的利益高于追随美国建构“太平洋共同体”的利益，甚至觉得支持马哈蒂尔的倡议要付出挑战美国的高成本。① 但是1997年金融危机发生后，东亚国家不愿意接受国际货币基金组织的有条件援助，美国的援助也十分迟缓，东亚国家不得不自己想办法解决困难。通过共同面对危机，东亚国家形成了身份认同，东亚的地区概念也由此变得清晰。

在1997年后的东亚合作中，有国外学者认为，东亚成员的构成在形成的过程中是否是“10+3”并没有成为一个普遍的共识，而日本则利用这一点扩展东亚峰会成员，其目的就是平衡中国不断提升的影响力。② 从日本决策者的视角来看，小泉纯一郎坚持“开放的区域主义”和安倍晋三提出“大亚洲”概念框架都是对于中国崛起的反应。而日本外务省对待东亚合作的态度经历了一个从支持“10+3”框架到迫切希望澳大利亚、印度和新西兰加入的过程。因为在日本外务省官员看来，只有日本是“10+3”成员中的发达国家，而中国作为正在崛起的发展中国家可能会被其他东亚国家看作是领导者，所以需要邀请澳大利

① Terada Takashi, “Constructing an ‘East Asian’ Concept and Growing Regional Identity: From EAEC to ASEAN + 3”, *The Pacific Review*, Vol. 16, No. 2, 2003, pp. 251 – 277.

② Hund Markus, “ASEAN Plus Three: Towards a New Age of Pan – East Asian Regionalism? A Skeptic's Appraisal”, *The Pacific Review*, Vol. 16, No. 3, 2003, pp. 383 – 417.

亚和新西兰这样的发达国家。[①]

对于东亚合作领导地位的渴望让日本试图挑战美国的金融霸权。在1997年金融危机后，成立“亚洲货币基金”倡议被认为是对美国金融霸权的挑战，而美国认为日本的倡议显然有损自己的利益而极力反对。在该倡议失败后，日本又提出“新宫泽构想”，以及积极推动“清迈倡议”，希望进一步摆脱美国的限制，获得在亚洲的金融领导地位。[②]

3. 对日本东亚区域主义的讨论

区域主义是一系列观念的载体，它促使地缘或社会空间的认同向区域性转变，或者说它体现了一个特定区域认同的客观存在或有意识的建构。[③] 这个建构过程不仅仅是各种客观物质实体互动的过程，还是它们不断互动后形成一种观念建构的结果。彼得·卡赞斯坦在《区域主义与亚洲》中认为，冷战的结束改变了亚洲地区结构，人员互动和观念交流更加频繁，人们对于空间、政治事件和社会认知也在发生改变。他认为，美国在亚洲的军事力量、经济存在和社会吸引力的结合决定了亚洲的区域主义是要包括

---

① Terada Takashi, “The Origins of ASEAN + 6 and Japan's Initiatives: China's Rise and the Agent - Structure Analysis”, *The Pacific Review*, Vol. 23, No. 1, 2010, p. 80.

② Katada Saori N., “Japan and Asian Monetary Regionalisation: Cultivating a New Regional Leadership after the Asian Financial Crisis”, *Geopolitics*, Vol. 7, No. 1, 2002, pp. 85 - 122.

③ Hveem Helge, “Explaining the Regional Phenomenon in an Era of Globalization”, *Political Economy and the Changing Global Order*, No. 2, 2000, pp. 70 - 81.

美国的、开放的区域主义。[①] 很多的研究都指出国家在主导区域一体化进程中的重要作用，通过加强经济和政治的相互依赖推动区域合作的形成。[②]

国家为了实现自己的利益将区域一体化进程纳入到自己的战略设想之中。朱莉·吉尔森在分析东亚区域主义的时候使用了战略区域主义的方法，认为战略区域主义代表了通过外交政策，以某些共同或者趋同的手段建立共同领导的区域合作。所以，弱国要和区域内的强国合作，强国也会和其他国家合作，这样就形成了一个区域协调体。外交政策的目的不仅是要实现国家利益，也是要同区域内的国家进行战略协调，建立战略信任框架。[③]

在东亚合作的战略协调框架中，日本面对不少挑战。猪口孝认为，区域主义可以被认为是实现基于区域的共同目标的设想和行动。区域主义要面对三个困难，即成员共同行动的意愿、共同目标的设定，以及全球化对实现地区共同目标的挑战。[④] 这些问题困扰着日本的东亚合作政策。在地区规范层面上，二战给日本留下的负面遗产和战略文化的自我限制束缚了日本塑造地区规范的能力。在经济层面上

① Katzenstein Peter, "Regionalism and Asia", *New Political Economy*, Vol. 5, No. 3, 2000, pp. 353 – 368.

② Gilson Julie, *Asia Meets Europe: Inter – Regionalism and the Asia – Europe Meeting*, Edward Elgar Publishing, 2002.

③ Gilson Julie, "Strategic Regionalism in East Asia", *Review of International Studies*, Vol. 33, No. 1, 2007, pp. 145 – 163.

④ Inoguchi Takashi, "Japanese Ideas of Asian Regionalism", *Japanese Journal of Political Science*, Vol. 12, No. 2, 2011, pp. 233 – 249.

日本毫无疑问占有极大优势，但是经济衰退也同样让人担忧。在安全层面上，日本需要依赖美国的保护，这在一定程度上撕裂了日本的内政和外交。猪口孝认为，日本为了解决这些问题，在不同时期展示出了四种主要的亚洲区域主义思想：基于友爱的“东亚共同体”、“雁行模式”的经济共同体、安全驱动的“自由与繁荣之弧”和“亚太共同体”。

有研究认为日本的东亚区域主义政策受到中美日三边战略博弈的影响。日本在东亚合作中担心被美国抛弃，不想成为加强中美关系的牺牲品，要和中国展开竞争获取区域合作主导权。[①] 美国在冷战之后将大量战略资源投放到中东，而日本推动东亚合作的目的之一就是将美国拉回东亚，让美国履行对日本的承诺。中美关系的改善也让日本担心自己对美国的作用下降，进而导致美国不愿意履行对日本的承诺，甚至抛弃日本。日本还担心在中美关系改善后，中国将在东亚有更强的影响力。这同样是日本所不愿意看到的。[②] 安德鲁·约认为，在东亚出现了多个包含相同成员的区域合作机制，这种“重叠区域主义”可以降低参加区域合作机制的门槛，提升弱小国家讨价还价的能力，让中等国家成为合作网络的桥梁。菅原淳一同样认为，在东亚各种合作制度重叠的情况下，日本起到了地区

---

① Zhang Yun, “Multilateral Means for Bilateral Ends: Japan, Regionalism, and China – Japan – US Trilateral Dynamism”, *The Pacific Review*, Vol. 27, No. 1, 2014, pp. 5 – 25.

② Terada Takashi, “Forming an East Asian Community: A Site for Japan – China Power Struggles”, *Japanese Studies*, Vol. 26, No. 1, 2006, pp. 5 – 17.

和制度连接的桥梁作用。[1] 同时，这也是地缘政治博弈的结果。它让小国可以从中获利，因而小国也会支持新的合作机制。这就让日本建立扩大区域合作成员的新机制有了更多的战略支持。[2]

还有一些研究认为日本的外交政策缺乏战略，是对环境的疲于应对，甚至认为日本在东亚合作上缺乏战略构想。谷口诚认为，日本在东亚合作中缺乏战略，如果说日本有战略的话，那就是不断地试错。日本缺乏一个一以贯之的东亚合作战略，更像是对一个个外交政策的尝试，在失败之后进行下一个外交政策，[3] 日本过度依赖美国，其经济外交被认为是应对外部压力的“刺激反应型”，即缺乏战略意图，也难以实现战略目标，更难奢望有独立的经济外交政策，日本的倡议和对外的反应是非系统性的和不完整性的。[4] 另外，日本虽然要依赖于美国，但是日本在东亚合作中并非对美国毫不“反抗”，而是在“背后运作”。日本吸取“亚洲货币基金”倡议失败的教训，在通过“清迈倡议”和组织“10 + 3”领导人会议的

① 菅原淳一、『アジア太平洋地域における地域経済統合と日本の戦略 - 「アジア太平洋」・「東アジア」の二つの潮流と、「架け橋」としての日本』、みずほ総研論、2012 年第 2 号。

② Yeo Andrew, “Overlapping Regionalism in East Asia: Determinants and Potential Effects”, *International Relations of the Asia - Pacific*, Vol. 18, No. 2, 2016, pp. 161 - 191.

③ 谷口誠、『東アジア共同体 - 経済統合のゆくえと日本東アジア共同体 - 経済統合のゆくえと日本』、岩波書店、2004 年版、第 55 - 68 頁。

④ Calder Kent E., “Japanese Foreign Economic Policy Formation: Explaining the Reactive State”, *World Politics*, Vol. 40, No. 4, 1988, pp. 517 - 541.

过程中积极担任各方协调者的角色，而不是作为倡导者积极推动。[①]

（二）国内研究成果

1. 日本区域合作战略的研究

有国内学者认为日本对东亚合作有一条连贯的战略主线，虽然在不同的时期有不同的战略，但是主导东亚合作却是长久不变的。[②] 在这一条战略主线中，日本要照顾美国的利益，深化和有所谓“共有价值观”的国家的关系。

二战结束后，日本将恢复本国经济作为首要目标，采取“贸易立国”的战略，并且向亚洲国家支付赔偿金，从而和亚洲国家重修外交关系。1955 年日本加入关税及贸易总协定，为进一步参与国际贸易打开了方便之门。日本大量引进、吸收、模仿和改造国外先进技术和设备，使其产业结构不断升级换代，大大提高了劳动生产率和商品的国际竞争力。具有高附加值的产品迅速向东南亚各国输出，而日本则从东南亚各国进口原材料和能源。日本主导东亚的“雁行模式”呼之欲出。在 20 世纪 70 年代到 80 年代，

---

① Hayashi Shigeko, *Japan and East Asian Monetary Regionalism: Towards a Proactive Leadership Role?*, Routledge, 2006.

② 吕耀东：《战后日本外交战略理念及对外关系轨迹》，《日本学刊》，2015 年第 5 期；张卫娣、肖传国：《近代以来日本国家战略的演变》，时事出版社 2013 年版；吴寄南：《新世纪日本对外战略研究》，时事出版社 2010 年版。

日本对亚洲的直接投资沿着日本—东亚新兴经济体—东盟国家—中国的方向展开，即将日本已失去比较优势的产业通过投资和技术转移的渠道，首先向东亚新兴经济体，其次向东盟国家和其他亚洲各国转移。在这种产业转移结构中，日本被看作是“领头雁”或者“雁首”，处于科学技术与经济的核心地位，通过资金指数的供应、市场吸收和传统产业的转移，带动该地区的经济增长。①

王厚双②和文石③认为“雁行模式”作为日本的区域合作战略首先受制于美国，只能够在小范围的次区域内建立一个非制度化的由日本主导的区域经济集团来抗衡西欧、北美区域经济集团带来的外部压力。这就要求日本能够借助区域经济合作的力量加速资本转移，促进产业结构调整和升级。要实现自身经济发展和能源稳定供应的战略目标，日本就必须在东亚建立由其主导的经济布局。然而，“雁行模式”也面临发展挑战。贺平的研究指出，“雁行模式”存在内在矛盾，“雁行发展模式的一个重要基础在于日本的出口导向型经济发展模式，因此其发展不可避免地导致东亚各国之间的贸易竞争、与美国等域外贸易对象的贸易失衡和经贸摩擦等问题”。“解决这一内在矛盾的现实出路要求日本作为东亚地区发展的‘领头雁’，不能仅仅

① 胡俊文：《“雁行模式”理论与日本产业结构优化升级——对“雁行模式”走向衰落的再思考》，《亚太经济》，2003 年第 4 期。

② 王厚双：《雁行模式与日本的区域经济合作战略》，《日本研究》，1999 年第 4 期。

③ 文石：《雁行结构——日本主导亚洲经济的设想》，《世界知识》，1992 年第 4 期。

停留于产业和技术输出，而必须大量进口和消费本地区生产的产品和服务，保持域内投资、生产和消费之间的良性循环和可持续发展。”①

“雁行模式”在冷战结束后逐渐走向衰落。2001年版的日本贸易白皮书《面对21世纪对外经贸政策挑战》中第一次明确指出，以日本为“领头雁”的东亚经济“雁行模式”时代已经结束，并且预言亚洲从此进入真正的大竞争时代。② 宋国友认为，在“雁行模式”之后，日本的东亚地区秩序战略是以“东亚共同体”为核心内容。他认为日本的地区战略具有以下特点：日本不仅要在未来东亚秩序中占据主导地位，而且有意把构建未来地区秩序和实现政治大国的目标结合在一起；东亚地区秩序必须是开放的；东亚地区秩序不仅涉及经济，而且要扩展到安全领域。③ 日本一直主张开放的区域主义就是想通过加强美日同盟，建设军事大国，借助美国的军事力量加强自己在东亚多边安全机制中的影响力；在经济战略上则加快和东亚国家签订经济伙伴协定，利用官方发展援助拉拢东盟国家。周永生认为，进入21世纪后，日本在区域经济合作中倾向于建立双边经济伙伴协定。这是日本在对外区域经济合作中最重要的且带有主导性的合作战略。日本要以点

---

① 贺平：《从雁行发展模式到经济合作伙伴关系——日本的东亚合作构想与区域性公共产品的有效供给》，张建新主编：《复旦国际关系评论：国际公共产品与地区合作》，上海人民出版社2009年版。

② 胡俊文：《“雁行模式”理论与日本产业结构优化升级——对“雁行模式”走向衰落的再思考》，《亚太经济》，2003年第4期。

③ 宋国友：《试析日本的东亚地区秩序战略》，《国际论坛》，2007年第6期。

带面建立东亚经济伙伴协定，实现以“东亚共同体”为基础的大区域合作战略目标。利用经济伙伴关系协定创造一个日本主导的“大东亚”区域经济合作不仅有利于稳固美日同盟，也可以拉住澳大利亚、印度和新西兰进一步扩大“自由民主”的政治和自由经济体制阵营，对日本谋求区域合作主导权、发挥自身的优势最为有利。[①]

在东亚合作中，日本表现出通过和中国对抗从而获取有利地位的趋向。2006年，安倍晋三第一届政府就提出日美澳印“四方安全对话”构想，麻生太郎作为安倍晋三的外相推行“价值观外交”，主张在此基础之上建立一条“欧亚大陆成长起来的新型民主主义国家”构成的“自由与繁荣之弧”。廉德瑰认为，日本的战略目的是以所谓的“价值观”为纽带，形成包围中国的战略态势，然后再与中国谈判，获取利益。[②] 梅秀庭对日本海权思想的研究指出，日本继承西方陆海对立的地缘战略思维，将亚洲分裂为“海洋亚洲”和“大陆亚洲”的对立。[③] 安倍晋三第二次执政依然延续了海陆对立的思维，以“价值观外交”为旗帜，创建海洋国家联盟和推动“跨太平洋伙伴关系协定”的谈判来维护日本的既得利益，建立一个由日本主导的“印太地区”。[④] 国内学者普遍认为，日本力推的“印太

---

① 周永生：《21世纪初日本对外区域经济合作战略》，《世界经济与政治》，2008年第4期。

② 廉德瑰：《地缘政治与安倍的价值观外交》，《日本学刊》，2013年第2期。

③ 梅秀庭：《近代以来日本海权思想研究》，博士论文，外交学院，2015年。

④ 王金辉、周永生：《简析安倍政府国际秩序构想及实质》，《日本学刊》，2017年第3期。

战略”“四边机制”“跨太平洋伙伴关系协定”等是为了继续同中国展开区域合作的竞争。[①] “然而，日本客观上地处东亚区域，与中国和其他东亚国家间通过产业分工方式，已经形成不可分割的经济整体。中日间密切的经济联系决定了日本即使在东亚地区与中国展开战略竞争，也不可避免地需要与中国发生联系。这样，日本在东亚的行为事实上陷入了一种割裂东亚与连接东亚的自相矛盾的战略困境。”[②]

2. 中日关系和东亚合作

中日两国同属于东亚国家，在东亚合作中起到了重要的作用。从东亚合作实践来看，中日两国关系的好坏极大地影响了东亚合作的进程。中日两国的合作有利于东亚一体化的发展，而且区域一体化也有利于两国在日益相互依赖的世界中实现各自的繁荣。[③] 尤其是 1997 年发生的金融危机更是暴露了地区金融合作机制的缺乏。从区域一体化理论来看，东亚合作的发展有利于两国和地区稳定，而且两国的经济总量庞大，所以中日的合作是东亚区域主义不可或缺的。[④] 即使是两国在东亚合作框架内展开经济竞争，

---

① 葛建华：《试析日本的“印太战略”》，《日本学刊》，2018 年第 1 期；朱清秀：《日本的“印太”战略能否成功?》，《东北亚论坛》，2016 年第 3 期；杨伯江、张晓磊：《日本参与“一带一路”合作：转变动因与前景分析》，《东北亚学刊》，2018 年第 3 期。

② 苏浩：《东亚整合的艰难之路：“平轴”—“胡桃”—“双核”模式的建构》，世界知识出版社 2018 年版，第 356 页。

③ 刘江永：《通向东亚共同体之路：合作与创新——新形势下的综合性战略思考》，《外交评论》，2010 年第 2 期。

④ 陈光武：《东亚区域经济一体化研究》，博士论文，吉林大学，2009 年。

也离不开对方的参与来推动自己支持的合作框架。黄大慧和韩爱勇对东亚区域主义面临的困难做了很好的分析。他们认为东亚区域主义主要面临地区内部问题和域外力量干扰带来的消极影响；在地区内部问题中，中日两国对东亚的成员构成上缺乏共识，寻求平衡最终让东盟主导东亚合作，造成区域合作推动力不足。[①] 地区合作领导权竞争和地缘竞争给东亚区域主义带来极大挑战，在一定程度上造成“没有地区主义”的问题。[②]

从区域合作中的双边关系来看，中日对抗将造成东亚区域合作陷入困境。江瑞平在《东亚合作与中日关系的互动：困局与对策》中指出东亚合作与中日关系的互动显现出恶性循环之势。[③] 在欧洲一体化的历史中，德法两国摒弃前嫌，共同作为区域大国推动欧洲一体化进程，实现了对地区事务的主导，避免和弱化了域外超级大国对合作进程的干扰，让区域合作可以顺利进行。中日两国同样都是东亚的重要经济体，却没有像法德两国那样携手主导东亚一体化进程。参拜“靖国神社”、弄出“购岛”闹剧、历史教科书中持有错误历史观等问题都在不断破坏良好的中日关系。[④] 历史与领土问题不是短时间内能够解决的，这

① 黄大慧、韩爱勇：《东亚地区主义研究评析》，《外交评论》，2011 年第 3 期。

② 莫盛凯：《没有地区主义的东亚合作》，《当代亚太》，2014 年第 2 期。

③ 江瑞平：《东亚合作与中日关系的互动：困局与对策》，《外交评论》，2014 年第 5 期。

④ 王胜今、于潇：《从中日关系的深层矛盾看“东亚共同体”的未来——兼论东亚合作中的矛盾与竞争》，《东北亚论坛》，2005 年第 6 期。

些问题长久以来一直给双方关系的良好发展造成麻烦，干扰了东亚合作的进程。

还有观点认为日本国内政治的变化导致中日关系的恶化，进而影响了东亚合作。20 世纪 90 年代以来，日本国内政治右倾化让日本国内要求获得更高国际地位的呼声高涨。吴寄南认为新保守主义让“正常国家”论风靡日本政坛。[①] 日本在 20 世纪 80 年代就提出进行“战后政治总决算”的口号，推行了一系列的新保守主义措施，追求“政治大国”地位。日本越来越不满足于仅仅跟随在美国之后充当小弟角色，对参与国际事务、解禁集体自卫组织的法律束缚越来越积极。不断崛起的中国显然成了日本国内“声讨”的对象。日本认为自己大国的身份遭到了中国的挑战，在现实主义取向的战略文化影响下，同中国展开竞争和对抗。[②] 日本国内政治生态发生巨大变化，“右倾化”加速，“历史修正主义”抬头，成为影响东亚和平及地区稳定的重大风险因素。[③]

有学者认为，国际形势的转变让日本改变了对中国的认知和与中国合作推进东亚一体化的态度。日本认为，中国不断提升的国际地位和外交影响是使其陷入“外交寒冬”的主要因素，而日本要想走出“寒冬”，就必须采取

① 吴寄南：《新世纪日本对外战略研究》，时事出版社 2010 年版，第 68 页。

② 陆伟：《荣誉偏执、身份迷思与日本战略偏好的转向》，《当代亚太》，2016 年第 4 期。

③ 宋均营、虞少华：《对“东亚共同体”建设的再思考》，《国际问题研究》，2014 年第 2 期。

措施来遏制中国。[1] 赵宏伟认为中国正处在复兴其近代以前在东亚地区中心地位的过程中，所以日本对中国的东亚外交感到担忧。他采用现实主义和文明相结合的研究方法，对中日两国间的博弈过程进行了实证研究，认为日本外交特点是其在东亚区域一体化进程中始终从属于美日同盟并且牵制其他国家，而不是基于对日本在东亚区域一体化中的国家利益认知来决定并执行其战略理念和战略目标。也就是说，相对于争夺区域合作领导权和贯彻自己的战略理念，日本将追随美国牵制其他国家放在更靠前的位置。[2] 袁伟华认为，处在权力转移不利一方的日本对相对收益更加敏感，所以日本为了阻止权力继续向有利于中国方向转移，不愿意支持中国的区域合作倡议，并且联合区域内的力量阻止中国的快速崛起。而这也就意味着东亚合作将陷入到激烈的竞争和缓慢的前行中。

3. 日本的“东亚共同体”构想

从历史来看，东亚地区曾经建立了以中华为核心、具有等级秩序的体系，而后日本又妄想以武力建立“大东亚共荣圈”。在二战结束后，日本拥抱美国主导的太平洋体制并再一次实现经济崛起。冷战结束后，欧美建立了两大区域经济集团，地区一体化成为世界的一大潮流。这就给

① 白如纯：《东亚区域合作与日本的政策选择》，《日本研究》，2010 年第 4 期，第 7 页。

② 赵宏伟、叶琳：《东亚区域一体化进程中的中日关系》，《世界经济与政治》，2010 年第 9 期。

日本主导的东亚一体化造成了一定压力。

从二战后日本的东亚合作构想来看，日本有两种区域合作模式，即所谓开放的区域主义和以日本为中心的东亚合作。[①] 前者是把美国、加拿大、澳大利亚等国家纳入到亚洲合作中。日本在冷战期间提出了很多亚太合作构想，例如“亚洲太平洋构想”和“环太平洋合作构想”。至于另一种模式，包霞琴从日本的东亚秩序观和历史的视角出发，认为从古代日本到近代以来的日本都不愿意服从于中国的领导，一直都寻求和中国分庭抗礼或者自己主导亚洲。日本一方面重申自己是亚洲的一员，但又认为自己有特殊地位；百年来奉行“脱亚入欧”，坚持海陆对立的战略思维分裂东亚；中国的崛起不仅让日本难以主导东亚合作，还打击了其民族优越感。如张蕴岭所说，日本有“自发的”亚太情结，“利益导向的”东南亚投入，“本能的”与中国相争，以及“缺乏感情的”“东亚共同体”认知。[②]

国内多数学者认为小泉纯一郎和鸠山由纪夫的“东亚共同体”构想不同，但都受到中国和美国的影响。20 世纪 90 年代初，马哈蒂尔提出建立东亚核心论坛的倡议，这遭到了美国的强烈反对，日本慑于美国的压力，未支持他的倡议。1997 年金融危机发生后，东亚国家进行区域合作意

---

① 包霞琴：《日本的东亚秩序观与“东亚共同体”构想》，《国际观察》，2004 年第 4 期。

② 张蕴岭：《日本的亚太与东亚区域经济战略解析》，《日本学刊》，2017 年第 3 期。

愿上升。而美国对日本的政策也发生变化，要求日本在亚太地区承担更多责任，对日制约有所放松。日本也谋求开展新的经济外交，以打破经济长期停滞的困境。日本的“东亚共同体”构想在这样的背景下应运而生。[①] 小泉纯一郎提出的“东亚共同体”构想强调以日本和东盟构成“东亚共同体”的基础；发挥“10+3”框架的作用；强调共同体的非排他性，重视同区域外国家的联系。随着中国不断崛起，经济总量超过日本，日本逐渐改变以往的对华观和对华政策，“东亚共同体”作为应对中国崛起的地区战略设计。同时，日本也需要争夺地区合作主导权以防止自己在东亚合作的浪潮中被边缘化。[②]

鸠山由纪夫的“东亚共同体”构想和小泉纯一郎不同，希望以友爱思想实现日本和亚洲国家的和解，认为“东亚共同体”应该仿照欧洲模式，突出“中日主导”，日本需要加强中日韩合作。他在上任后就优先加强同中国和韩国的合作。在东亚合作成员范围上，他采取灵活的态度，以“经济共同体”为先导，推动日本主导的东亚经济伙伴关系网络的建设。宋均营对比了小泉纯一郎和鸠山由纪夫的“东亚共同体”构想，认为：鸠山由纪夫的“东亚共同体”构想继承了小泉纯一郎的东亚合作成员范围，以功能主义为主，不急于制度化建设，坚持

① 孙承：《日本的东亚共同体设想评析》，《国际问题研究》，2002 年第 5 期。

② 孙承：《十年来日本对外经济战略的选择——从东亚共同体到两个贸易协定》，《日本学刊》，2012 年第 5 期。

开放的区域主义原则，以经济伙伴协定为手段促进经济领域整合；在超越小泉纯一郎的构想方面，鸠山由纪夫对东亚合作的承诺力度更大，更重视中日协调，以友爱思想为基础实现亚洲的“和谐”。[①]

吴怀中对“东亚共同体评议会”2005 年的报告进行分析指出，日本在东亚合作上有主流战略和非主流战略。主流战略是日本担心主导权旁落他人，所以要稀释中国在东亚合作中的作用。两种非主流战略分别是：全面反对同中国进行东亚合作，以及在维持美日同盟的同时，全面赞成和中国进行东亚合作。[②] 不论是哪一种战略，或者说不论是倾向于同中国合作，还是倾向于同美国合作，日本的“东亚共同体”构想都面临挑战。孙承认为，日本想要参与甚至主导东亚合作，就要同中国竞争合作主导权，防止自己被边缘。但是前述中很多学者也指出日本不愿意放弃东亚合作主导权，甚至利用历史问题和域外力量阻碍东亚合作进程。鸠山由纪夫的“东亚共同体”构想虽然试图超越原有的竞争框架，却受限于美日同盟。日本的“战略漂流”就像它的地理构成那样，是一个孤悬于东亚大陆之外，但又不是处在太平洋的孤岛，以一种“暧昧”的态度和亚洲国家推动东亚合作。

笔者通过对国内外学术界研究成果的梳理，尝试在本

① 宋均营：《鸠山“东亚共同体”构想评析》，《理论月刊》，2010 年第 6 期。

② 吴怀中：《日本“东亚共同体”战略解析——以“东亚共同体评议会”报告为中心》，《日本学刊》，2006 年第 3 期。

研究领域的知识上做出创新，借助近年来日本外务省史料馆公布的新史料，为理解日本的战略传统、区域合作政策、外交战略提供支撑。在研究过程中，有两位日本外交官接受访谈，三位退休的日本资深外交官（曾任驻华公使的外交官、曾任外务省事务次官的外交官和曾任三国合作秘书处秘书长的外交官）接受访谈，一位时任日本防卫省官员接受访谈，一位中国学者接受访谈，八位日本学者接受访谈，以及三位在新加坡工作的学者接受访谈。通过大量的档案原始资料、访谈和现有研究可以让笔者对日本外务省和经产省的决策过程进行更加深入和全面的研究。

过去国内外有关战略取向的研究较少，运用战略取向的概念分析日本的东亚合作的研究也不多。兰德公司的报告《动荡世界的战略选择：安全和机会的追求》认为，美国在面对中国和俄罗斯的军力增长和外交姿态的时候，有“返回美国”“不可或缺的国家”和“灵活的美国”三种大战略取向。博耶·伊夫在《欧洲未来的战略取向》中从地缘政治的角度认为欧洲的战略方向应该从东西方向转为南北方向，以综合的手段应对战略挑战。日本庆应大学的西谷雄一认为，“自由与繁荣之弧”和“东亚共同体”是日本对亚洲的两种战略取向或者说是两种大战略。这些研究都表明学术界对战略取向的使用和研究越来越多。由此，笔者从地缘战略的视角出发，希望对日本的战略选择进行更近一步的抽象化处理，认为日本有内向的岛国战略取向、对抗大陆的海洋战略取向和走向内陆的大陆战略取向。

第一章　日本战略取向的理论框架

虽然既有研究对战略取向的讨论尚不够充分，但是战略取向对战略决策和行为的作用仍有不小的研究空间。因此，我们首先要梳理现有研究，寻找战略取向的理论支撑，而后方能讨论大陆战略取向如何影响了日本东亚合作的战略行为。

第一节　战略取向的定义和影响因素

从现有研究来看，学术界对战略取向的研究可以被分为三类，主要涵盖战略取向的定义、战略取向的影响因素，以及战略取向和战略决策问题。

一、战略取向的定义

战略文化学者认为，战略取向指的是推动国家如何选择，从而实现和维护国家重要利益的战略演算的定位、思考方法和偏好。战略取向是战略文化概念的进一步发展。[①]江忆恩认为战略思想决定了战略选择，国家要在有限的战略选择中做出带有倾向性的战略决策，即选择和平或战争的方式实现战略目标。这种倾向性会决定国家的战略定位选择、战略决策性质、战略手段偏好。[②]战略文化学者挑战了国际结构决定某些国家会表现出相似对外行为的观点。在战略文化学者看来，即使国家面对相似的外部环境，也会因为内在的战略文化不同而表现出自己独特的战略行为。例如，肖晞认为中国长久以来的文化基因形成了偏好于和平的战略文化，决定中国将长期走和平发展道路，践行和平发展战略的战略取向。[③]

从战略文化角度出发的定义突出了战略取向对决定战略方向、战略定位和战略决策的影响，认为地缘、历史、文化、习惯和传统等因素对战略取向有影响。某种战略取向会对国家的战略选择产生较强的作用，进而影响国家的战略行为。这些研究大多认为战略取向是二分的，即以和平还是战争的方式来达到战略目的，是作为海洋国家还是大陆国家来展开战略追求。例如柯林·格雷认为，地理、历史、资源等等都是影响战略思想的基础要素，并且成为

---

① Donovan C. Chau, Thomas M. Kane, eds., *China and International Security: History, Strategy, and 21st-Century Policy*, Praeger, 2014.

② Johnston Alastair Iain, "Thinking about Strategic Culture", *International Security*, Vol. 19, No. 4, 1995.

③ 肖晞：《中国和平发展道路：文化基础、战略取向与实践意义》，《国际观察》，2015年第4期，第1—21页。

了战略文化的重要影响来源。他认为作为限制和机遇，地理因素是影响国家政策的长久性因素，国家的战略文化是地理环境的产物。每个政体在它的战略观中都有海洋国家或者大陆国家的战略取向。[①]

有研究从类型学角度阐释了战略取向的内涵。这类研究往往讨论国家的大战略和战略选择的问题。杰弗里·兰蒂斯在《美国外交实施：创新教学课本》中将美国外交的战略取向划分为霸权（单边主义）、多边主义和孤立主义（本土主义）。他在解释战略取向的内容时，经常将“战略取向”和“大战略取向”混用。他认为，霸权是美国有能力和有意愿去主导国际政治，而且也可能在外交中贯彻其自由主义价值；多边主义是美国和其他国家或国际制度进行互动，是在一定程度上的相互依赖；孤立主义（本土主义）是美国不去和其他国家发展紧密的关系，防止自己卷入到其他国家之间的纷争中。[②] 在这三种战略取向中，他给出了案例并划分了首要战略取向、政治价值的基础、对他者的取向和在国际机制中的角色。

兰德公司的报告《动荡世界的战略选择：安全和机会的追求》认为，美国有“返回美国”“不可或缺的国家”和“灵活的美国”三种大战略取向。“返回美国”将美国的国家利益进行有限的定义，确立适度的全球目标，让美

---

① Gray Colin S.，“Geography and Grand Strategy”，*Comparative Strategy*，Vol. 10，No. 4，1991，pp. 311 - 313.

② Lantis Jeffrey S.，*US Foreign Policy in Action*：*An Innovative Teaching Text*，John Wiley & Sons，2012，p. 246.

国有限度地将自己暴露在不稳定的世界中。这个战略取向接受很多国际问题是美国力所不能及的现实。因此，美国在进行有限的军事行动和兑现政治承诺的同时，将会把注意力放在美国能够控制的事情上。例如，有时美国把国内增长当作首要目标，同时寻求加强国际竞争力。“不可或缺的国家”是美国继续扮演传统的国际领导者和捍卫国际秩序的角色。这个角色会让美国成为自由秩序的主要促进者，并且最大化地实现其外交目标。“灵活的美国”则是要让美国在接触世界的同时，促进美国和其盟友的经济增长。这种战略取向接受全球化的必然性，甚至是渴望全球化。因此这种战略取向完全无法让美国对世界进行有限接触，但可以最大化地实现经济利益并且有限地投入到军事力量中。这会让美国根据自身变化的地缘经济利益来调整政策。①

还有一类研究强调外部环境对国家的对外战略的影响，分析战略取向对战略决定的战略行为。例如，亚历山大·兰德里认为冷战初期的格鲁吉亚在面对生存和安全问题时需做出亲西方还是亲苏联的战略取向选择。他首先分析了格鲁吉亚所面对的外交问题，进而分析在战略思想和战略文化的限定之中格鲁吉亚选择了某一种战略取向，以及之后格鲁吉亚实施某种外交战略的过程。

孙东方在《当前世界格局变动与中国和平发展的外交

---

① Hoehn Andrew R. , et al. , *Strategic Choices for a Turbulent World: In Pursuit of Security and Opportunity*, Rand Corporation, Vol. 6, 2017, pp. 7 - 8.

战略取向》中分析了世界格局变动的基本特点和发展趋势，即美国实力相对衰弱，呈现“霸权焦虑”的明显特征；新兴国家成为国际舞台的重要力量，但就关键议题的塑造能力仍需提升；非传统安全成为国际政治的核心议题，全球治理面临挑战；现存国际体系如何变革是决定未来世界格局变动的关键。而后他分析了中国的实力、角色和战略机遇。[①]

屈彩云在《日本防卫战略的西南取向》中首先明确日本的战略定位，而后判断战略意图，之后分析战略路径。屈彩云认为，日本的防卫战略定位以西南为重心构建机动防卫力量。[②] 在战略部署上，防卫力量重心逐渐从北转向西南；在战略意图上，日本表现出控制西南方向，遏制中国的意图；在战略路径上，日本试图绑架美国、拉拢邻国，提升其在西南方向的控制力。

细谷雄一在其《日本对东亚的两个战略：日本外交战略的演进》中认为日本有两大战略或者说是两个战略取向，即强调和美日同盟及与有所谓“共有价值观”国家合作的“自由与繁荣之弧”、强调与包括中国在内的东亚国家经济合作的“东亚共同体”。这两种战略取向也代表了决策者个人的战略取向。领导人或者其他的决策者、执行

---

① 孙东方：《当前世界格局变动与中国和平发展的外交战略取向》，《当代世界与社会主义》，2012 年第 1 期，第 104—108 页。

② 屈彩云：《日本防卫战略的西南取向》，《太平洋学报》，2012 年第 10 期，第 80—90 页。

者个人的取向也都影响了战略的形成、规划、执行。[①]

博耶·伊夫在《欧洲未来的战略取向》中认为，欧洲地缘战略取向数十年来被冷战所决定，即大力发展“跨大西洋共同体”是首要的。但是随着冷战结构的瓦解，欧洲正被危机外溢所笼罩，而这让欧洲忽视了另一个日趋严重的地缘战略问题。[②] 在文中他首先分析了地中海南北地区的人口数量差距拉大和经济极度不平衡发展造成的潜在地缘战略问题。在政治上，南地中海国家的伊斯兰化和保守主义力图让受到西方价值观冲击的社会进行政治转型。可是它们却没有能力解决现存的政治、经济和社会问题。最终伊斯兰极端主义引发的问题成为了重要的国际因素。西欧国家最好的战略选择是帮助阿拉伯国家领导人应对宗教极端主义。这种从地缘政治角度出发的研究展示了从对战略的反思，到寻找战略问题，再到提出可能的战略取向的过程。

战略文化学者相信观念因素决定了战略取向，他们将战略取向作为战略文化的延伸，进而影响战略行为。这就解释了国家在面对相同的国际环境时会表现出不同的对外风格。因为战略文化的分析更加强调文化、观念和规范对国家行为和决策者施加影响的重要性。[③] 面对相同或者相

① Hosoya Yuichi,“Japan's Two Strategies for East Asia: The Evolution of Japan's Diplomatic Strategy”, *Asia – Pacific Review*, Vol. 20, No. 2, 2013, pp. 146 – 156.

② Boyer Yves, “Europe's Future Strategic Orientation”, *The Washington Quarterly*, Vol. 16, No. 4, 1993, p. 141.

③ Glenn John, “Realism Versus Strategic Culture: Competition and Collaboration?”, *International Studies Review*, Vol. 11, No. 3, 2009, p. 523.

似的国际结构，国家会因为战略文化的作用而表现出不同甚至完全相反的行为。在战略文化对战略行为施加影响的理想模型中，战略文化包含了一系列彼此相关的信仰、规范和假定，形成了政治领导人、社会精英和其他决策参与者和影响者对战略的理解。通过社会化和制度化，决策者会形成特殊的期望进而进行战略选择，限定国家行为自由，并有着特定的行为模式。

类型学的分析将战略取向看作一种决定战略选择的存在。这类研究强调国家往往有多种战略取向。国家的地理位置、历史等稳定因素决定了多种战略取向将长久存在。一些动态因素诸如地缘环境、国际结构、决策者等决定了某种战略取向不会永远占据主导地位而影响战略行为，其他战略取向也不会因为某一战略取向占据主导地位而消失。这类研究大多属于描述性研究，认为战略取向是在战略决策之前形成的高层次的存在。这些研究通常认为战略都有其终极目标。终极目标决定了战略取向，形成战略方向，塑造战略路径，影响战略决策和战略执行。不同的战略取向包含了战略偏好和战略目标的排序，限定了战略的方向和方式。但是它们没有回答某种战略取向占据主导地位和主导战略取向转换的原因。

最后一类研究则认为在变化的外部环境中，某一种战略取向会占据主导地位并显著地影响战略行为。这类研究遵循现实主义理论的核心假设，设定国家会理性地制定战略追求国家利益。这类研究展示了国际结构如何约束国家行为，解释为何国家内部情况不同却在相似的地方表现出类似的行为。但是从结构现实主义中仍然可以推导出体系刺激政策反应的模型。[①] 有的研究因此遵循这一模型分析外部战略决定战略取向。

笔者认为，战略取向是决定国家战略决策与定位的基础性因素，它决定着国家战略目标的方向，并规定了战略决策的性质和战略行为的方式。战略取向为外交和国防提供方向，促进决策组织之间的相互协调，进而充分利用资源。

图 1 - 1　战略取向的功能

战略取向决定战略方向，在某一战略方向上的战略路径又决定了战略决策的性质和战略行为的方式。战略文化学者认为国家有多种竞争性观念和固有偏好，当某一种战略文化占据主流时，其对国家战略行为影响最大。战略取向也同样如此，国家受到地理、历史、文化等因素的影响会有多种战略取向，某种战略取向占据主导地位的时候影响最显著。从现有研究来看，战略取向显然是在国家确定战略目标后影响战略行为的。它带有方向性和指向性。例如，博耶·伊夫认为欧洲的战略取向要从冷战时期欧洲和

① Waltz Kenneth, "International Politics is Not Foreign Policy", *Security Studies*, Vol. 6, No. 1, 1996, pp. 54 - 57.

苏联的东西方向的军事对抗和防止战争，变为欧洲和地中海南北方向综合运用各种战略手段保证地区的稳定和发展。也就是说国家的最高战略目标发生变化，决定了哪一种战略取向占据主导地位。

战略取向的主导地位发生变化后，国家的战略方向和战略路径就会发生改变。制定战略文本的官员会将各自的战略取向反映在战略方案之中，最后某一个战略方案被作为政策建议递交给最高领导人，最高领导人再进行战略决策。所以，战略取向在更加宏观的层次上决定了一个国家的战略方向和战略路径。博耶·伊夫认为，欧洲在冷战时期考虑的是如何防止东西方军事冲突的发生，而冷战之后的战略决策则要考虑在相互依赖的世界中如何实现欧洲和地中海南部国家的共同发展。欧洲应该为这些国家提供援助，解决贫困来实现国家稳定，从而消除它们对欧洲的仇恨和宗教极端主义的负面影响。所以，欧洲要采取和冷战时期不同的战略行为保证欧洲的安全。细谷雄一对日本大战略的研究也揭示了相似的战略决策过程。日本首相和外务省官员都有个人的战略取向。决策者和执行者的不同战略取向，决定了他们倾向于选择加强和亚洲国家的关系，寻求主导东亚经济，还是加强同美国的同盟关系从而提高自己的安全，加深和“共有价值观”国家的经济关系提振日本经济。这显然会影响国家外交战略决策性质和战略执行方式。

当大陆战略取向占据主导地位时，东亚大陆成为日本东亚合作的主要战略方向。在这一战略方向上，主导东亚大陆的战略路径将发挥两个重要作用。一是日本通过推动东亚合作改善和东亚邻国的关系，依托东亚大陆的整体发展提升自身经济实力。二是以主导东亚合作进程为目标，提升自己在世界经济格局中的地位。在东亚开启制度合作的初期，日本以东亚合作整体利益为重，积极推动区域合作。其目标是将地处东亚大陆的国家和东盟国家作为一个整体，纳入到日本扮演引领角色的区域合作框架之中。但是随着中国影响力的提升，日本不得不做出战略调整。日本借助美国的力量平衡中国在区域内上升的影响力，邀请澳大利亚、印度和新西兰等成为东亚峰会成员，希望由此来防止中国“主导”东亚合作并维持日本在亚洲的领导地位。

在国家的战略决策层面，有不同战略取向的决策者和政府机构会进行各种博弈，占据主导地位的战略取向会显著影响国家的战略决策。决策者根据理性判断，选择并实施合适的战略方案。但是在决策过程中也存在着某些无意识或者半自觉的决策动因，那就是每个人都有不同的思维取向、价值取向、判断取向。这就意味着决策者个人的取向对战略决策和执行有重要的影响。例如，小泉纯一郎首相和鸠山由纪夫首相的东亚合作行为都受到大陆战略取向的影响：前者选择加强美日关系，淡化中国影响力；后者则强调和中国共同推动东亚区域合作，实现区域内的共同繁荣。为决策者提供和实施战略方案的政府机构因为处理事务的不同，存在不同的利益取向、信息收集取向、决策取向。它们都希望自己的方案能够被首相采用，所以政府机构之间就会围绕着对外政策进行竞争。这也让战略决策过程变成了一个具有不同取向的政府机构之间进行不断博弈的过程。这些政府机构为首相提供各种对外构想，首相则会从中选择与自己取向相似的对外方案，并最终将之转化为对外行为。

从日本百年战略行为轨迹来看，大陆战略取向经历了两个阶段。第一阶段是从明治维新开始到二战结束。明治维新后的日本，接受了西方强权政治中的“丛林法则”逻辑，企图以武力主宰东亚大陆。日本对地处东亚边缘地带的朝鲜半岛进行殖民，沿着南向岛链吞并琉球、占领中国台湾，而后深入东亚大陆腹地发动侵华战争，实现称霸亚洲的“大陆政策”。然而，战败彻底粉碎了日本的迷梦。第二阶段是从冷战中后期开始到冷战结束并延续到 21 世纪初期。日本将东亚大陆作为经济主导的战略依托。冷战期间，日本对东亚边缘地带进行再拓展，与东南亚国家进行深度经济合作，对改革开放后的中国大陆进行低端产业转移，企图以经济手段掌控东亚大陆发展命运。冷战结束后，东亚开启区域制度合作。日本延续其主导东亚大陆的战略路径，希望凭借自己在东亚产业分工中的优势地位，主导东亚合作进程。

二、战略取向的影响因素

战略取向决定国家的战略行为，而国家的战略行为会受到外部条件的约束。博耶·伊夫的研究表明，冷战结束后，外部环境的变化导致欧洲的战略取向并不能适用于新的环境，欧洲要选择不同以往的战略取向，以新的战略行为应对外部的威胁和挑战。也就是说，战略取向最终要外化为战略行为，并且在变动的外部环境中维护国家利益。战略取向要受到外部战略环境和国内环境这样客观因素的制约。但是这样的客观因素并非只是实践的结果。在战略决策过程中，国家的历史传统、思维特征、文化等主观因素同样影响了对战略环境的认知和判断。

一个国家的地理条件决定了国家潜在的战略取向。大陆、岛屿和海洋构成了国家重要的地理因素。其中海洋国家和大陆国家的战略以及两者之间的对抗和竞争成为了战略学界主要的研究方向。地缘环境极大地影响了一个国家的命运。地缘环境演绎生成了不同的文化、政治制度、经济制度，国家也因而表现出不同的地缘政治面貌和战略传统。

海洋国家和大陆国家代表了两种空间取向。大陆国家执着于占有土地获取资源，其活动半径取决于其工业能力和税收为军事行动提供的支撑能力。由此，大陆地区将陷入永无止境的争霸行为中。大陆国家难以给出具有普遍意义的秩序。而海洋国家则因为对财富的追求，不断拓展其商业范围获取海外利益，寻求一种具有普遍意义的国际秩序。海军可以保护海洋航道的安全因而带来大量的财富，而陆军因为受到主权的限制不能在他国驻军，不能为本国的商品流动提供安全保障，因而会消耗财政。对海洋国家来说，要确保没有一个大陆国家能够称霸大陆。因此，海洋国家要维持大陆的均势而非过度卷入。这就让海洋国家和具有普遍意义的国际秩序和国际法契合，提供一种各方都可能接受的权势结构安排。①

地缘环境中的权力分配和随之而来的机遇与威胁决定了国家的战略取向。对于地理在战略中的重要作用，柯林·格雷认为，一切的政治都是地缘政治，一切的战略都是地缘战略；地理就是“外在的”客观存在的环境或者说“地带”，地理也是“内在的”想象的空间关系。② 英国和日本有相似但又不同的地缘环境，两国对地缘空间关系的想象决定了两国走上不同的道路。虽然两国都是面对大陆的岛国，但是英国面对的是自罗马之后分裂的欧洲大陆和霸权与均势交替出现的欧洲，日本则面对有着巨大陆地面积和“大一统”传统的中国。英国走上了海洋国家“包围”和平衡大陆的道路，而日本则走上了进攻大陆、妄图“问鼎天下”的道路。

---

① ［德］施米特著，林国基、周敏译：《陆地与海洋——古今之“法”变》，华东师范大学出版社 2006 年版，第 75—100 页。

② Gray Colin S.，“Inescapable Geography”，*The Journal of Strategic Studies*，Vol. 22，No. 2 - 3，1999，p. 163.

英国的海洋战略取向决定其崛起遵循海洋国家的战略，以海军进行全球扩张，建立强大的情报系统，控制海上航道攫取财富，通过和海洋国家结盟制衡陆上强国法国、德国、俄国，阻止它们称霸或者形成强大的大陆联盟。[①] 而日本帝国的崛起道路则是遵循大陆国家的战略。虽然其在20世纪初期同英国结盟并且配合美国达成“华盛顿共识”，表现出明显的和海洋国家结盟的取向，但是长久以来对大陆征服的路径依赖让日本最终选择了大陆战略。日本从明治维新开始就在追求对东亚大陆的扩张。日本以日英海洋同盟阻止苏联的扩张，捍卫其在东亚大陆的“利益线”和“主权线”，大陆成为日本从崛起到衰落的根本取向。

不论在任何时代，地理和战略文化都最终决定了国家对自己地缘政治潜力的认知。[②] 地理并不会简单机械地决定国家的战略文化，但是地理环境在形成一个国家的历史经验中扮演至关重要的角色。战略文化可能被认为是一种社会习惯、信仰或者是社会成员在学习、实践和传授经验偏好的过程。[③] 所以战略文化是一种战略模式。在这种战略模式中，国家有相匹配的取向。在江忆恩看来，战略文化是一种符号系统，是关于战争在人类事务中作用的假

① Fayle C. E. , “Maritime Power and Continental Alliances”, *Royal United Services Institution Journal*, Vol. 70, No. 478, 1925, pp. 260－275.

② Lee Oliver M. , “The Geopolitics of America's Strategic Culture”, *Comparative Strategy*, Vol. 27, No. 3, 2008, p. 268.

③ Gray Colin S. , “Geography and Grand Strategy”, *Comparative Strategy*, Vol. 10, No. 4, 1991, p. 313.

设，是关于对手和其所造成的威胁性质的假设，是使用武力效果的假设。从某个角度来讲，战略文化就是一种给予某些假设的战略偏好和战略取向。[①] 显然，这些假设放到具体的外交战略制定过程中要经过一套由地理、历史、信仰和文化所形成的认知系统中进行处理。根据历史经验和逻辑推演，外部环境的认知会被放入到某种认识框架中。战略文化为战略主体提供一种认知框架，对战略主体所接受的战略信息进行整理，进而决定战略决策、影响战略实施。

战略文化影响战略主体对战略环境的认知和判断，并影响战略的方向和实施方式。具有不同战略文化的主体对于战略环境的判断也会有所不同。海洋国家和大陆国家因其战略文化不同而表现出明显不同的战略方向和战略实施方式。此外，冲突型战略文化认为国家处在不可调和的弱肉强食的战略环境中，因而需以进攻性手段控制外部威胁的升级和蔓延。协调型战略文化认为国家处在相互依赖的环境中，可以通过合作的方式防止威胁的产生。理想型战略文化则认为战略环境既有竞争和冲突，也有和谐的方面，战争和冲突是异常现象，因而重视合作消除威胁。[②]

影响战略取向的另一个因素是国家—社会关系。作为

---

① Johnston Alastair Iain, "Thinking about Strategic Culture", *International Security*, Vol. 19, No. 4, 1995, pp. 46 - 47.

② 周丕启：《大战略分析》，上海人民出版社 2009 年版，第 88 页。

战略的国内基础，政治制度和各经济或社会集团之间的互动在战略形成的国内层面影响战略取向。政治精英和庞大的政府体系共同制定战略方案，做出战略决策，并动员各种战略力量执行战略。政府对外部环境的认知并非是单一的。各种各样的组织决定着政府内部不是铁板一块，各种利益集团也为了各自的利益而相互博弈影响战略进程。由于信息的不对称和认知的不同，民意、媒体和政府在对外部环境和应该采取的战略上有不同的认识，如何让它们达成某种共识使利益和谐分配至关重要。

毫无疑问，缺乏国内民众支持的政府和其所制定的战略会遭遇各种困难。国家和社会之间如果难以达成和谐的关系，战略的实施会受到制约或者影响国家实现利益。政府的行动资源来自于财政税收。掌握这些重要资源和分配权的社会团体或政治家在国会或议会中是否同意政府的对外战略主张，需要经过多方博弈甚至激烈对抗，这些都影响着战略取向。

三、战略取向和战略决策问题

简单地说，战略决策是战略家对备选方案的选择。战略家必须统筹全局，在不断的摸索中对外部环境进行战略判断。战略家可以依据理性做出判断选择最适合的战略方案并去实行。但在这个过程中，每个决策者和决策部门都会根据自己的认知框架处理信息，分析外部环境中的威胁和机遇，产生个人看法。例如，在布什执政时期，美国国务院有较强的合作性战略取向，而国防部的合作性战略取向较弱。布什总统倾向于国防部提供的战略取向。

政府机构在战略决策中有着重要地位。负责经济、国防、外交、教育等方面的政府机构有着不同的工作内容，他们在考虑问题时是从各自角度出发的。而决策部门在进行战略决策时要依赖不同政府体系提供的信息做出分析和判断。例如，同样是在经济政策上，日本外务省和经产省就因为有不同的战略取向而提出不同的方案。在 20 世纪 70 年代日美就贸易摩擦而展开的谈判中，外务省和经产省对美国有不同的关注点。外务省从政治角度出发，希望美国能够遵守自由贸易原则，不要对日本树立贸易壁垒，经产省则认为美国是重要的金融合作伙伴因而更加强调合作的一面。[①] 冷战结束后，经产省对东亚区域合作的兴趣逐渐提升，希望加深地区一体化，而外务省则考虑到自己的区域主义政策连贯性，对东亚合作持谨慎态度。直到 1999 年，两个部门才对自由贸易协定进行共同研究，日本政府才改变冷战期间对多边主义贸易体制的战略取向，积极和东亚国家签订双边自由贸易协定。每个政府机构都希望自己的方案能最终获得成功，因为这样可以获得更多的资源和资金支持。各个机构之间不同的利益取向也造成某一机

① 日本外务省史料馆：《日美贸易经济合同委员会关系第四回委员会本会议各大臣发言》，档案号：E'·2·3·1·17-6-5-2。

构期望达成的政策目标可能和别的机构的政策目标相冲突。比如20世纪80年代，日本经产省提出希望减少对美国的依赖并在亚太地区构建经济一体化框架。而外务省并不支持此观点。因为这样可能让亚洲国家认为日本在塑造“大东亚共荣圈”。外务省同时担心经产省排除美国建立地区经济集团会影响美日关系。[①]

第二节　日本战略取向分析模型

日本是一个处在东亚大陆边缘地带的岛屿国家。这样的地缘特性决定了日本在本州岛建立一个统一的中央政府。日本历史上有不少战争是围绕在本州岛上建立统一中央政权展开的内战。也就是说，内向的岛国战略取向是日本最根本，也是最长久的内向战略取向。对于古代日本来说，东边是浩瀚无际的太平洋，只有西边的东亚大陆才是生存和发展的战略空间。这让日本面临一个艰难的选择：一方面是需要吸收来自西边的东亚大陆的先进文化，用于本土建设；另一方面则是担心来自在战争能力和文明层次上可以碾压自己的强大国家的威胁。

① Krauss Ellis, “The US, Japan, and Trade Liberalization: From Bilateralism to Regional Multilateralism to Regionalism”, *The Pacific Review*, Vol. 16, No. 3, 2003, p. 314.

一、日本的地缘属性与战略文化

在全球贸易体系尚未形成、海上交通不够发达的历史上，日本最主要的文化交流方向是西边的东亚大陆。在西边的海洋上，北部是鄂霍次克海，西部是日本海、黄海、东海，南边则是中国南海地区。这样的海洋屏障让日本长期处于和东亚大陆隔绝的地理状况中，为日本提供了天然的安全屏障。日本由此可以实行“自给自足”的对外隔离战略，尤其是1603年到1867年德川家康的“锁国战略”，确保了日本长达264年的安全。这样地理上的隔绝和长期的封闭状态也自然形成了其早期的战略文化，即“岛国根性”。①

“岛国根性”不仅给日本带来了封闭的心态，还让日本有浓厚的排他意识和强烈的危机感。由于古代交通运输业不够发达，日本和其他国家甚至是岛内各地之间的交往和贸易机会都不多。这些使日本形成了封闭保守、妄自尊大和极具冒险精神的国民性格。这样的国民性格和“岛国根性”带来的强烈危机感相结合，造就了其战略文化具有更加危险的扩张性。这样的国民性格和日本的地缘环境结合又衍生出确保安全的两种战略取向，即凭借海洋屏障防

① 藤修俊在《日本人的圈子》中认为“岛国根性”最早出现在19世纪末，由留美学者久米邦武提出。“岛国根性”指的是日本人中存在根深蒂固的“蜷缩在蜗牛壳大小的天地里”，如同井底之蛙不知天地之大。他们有很强的自我封闭心态、浓厚的排他意识、强烈的危机感、缺乏智慧又极其顽固等等。

御求得内部和平稳定和对东亚进攻实行扩张来建立缓冲地带。而后者也就引出了日本战略文化的第二个特点，那就是对东亚大陆的武力扩张。

美国强行打开日本国门的“黑船”事件改变了日本“自我封闭”的战略，种下了日本帝国主义的种子。日本人认为：武力扩张的战略文化依靠其先进的技术和强大的军事实力，加上武士道精神共同促使日本选择通过占领亚洲提升自己的国际影响力。① 明治维新结束了日本的对外隔离战略，提出“文明开化”“殖产兴业”和“富国强兵”的口号。在西方的冲击下，强烈的危机感和自卑感刺激着日本不断向西方学习，进行“脱亚入欧”，依凭“和魂洋才”快速向近代资本主义国家转型。“大日本主义”和“国家主义”的思潮与军国主义“八纮一宇”的世界观将日本不断推上奴役亚洲的道路。在这样的认知中，日本将自己视为“文明”，而其侵略的实质是“解放”亚洲，“带领”亚洲对抗欧洲。

日本在 1895 年通过甲午战争侵占中国台湾，1910 年吞并朝鲜半岛，1931 年侵占中国东北。日本极力支持伪满洲国获得国际承认，在东北亚建构“大东亚共荣圈”，排斥西方国家在东亚的存在。对外军事扩张的战略文化让日本实行以战争手段侵占和吞并东亚大陆国家，以求实现称霸亚洲、征服世界的战略目标。1940 年 7 月

① Oros Andrew L.，“Japan's Strategic Culture：Security Identity in a Fourth Modern Incarnation?”，*Contemporary Security Policy*，Vol. 35，No. 2，2014，p. 231.

26日近卫政府颁布的《国策基准》提出“建立以日本皇国为中心，以日满华的牢固结合为主干的‘大东亚新秩序’”。[①] 从现已公开的外交档案来看，《国策基准》标志性地反映了日本武力侵占亚洲以获取安全保障的战略文化，建构“大东亚共荣圈”实现日本的繁荣贯穿于当时的日本外交决策中。拉斐尔·伊斯莱利认为日本被三个“湖”所包围，即日本海附近的“北湖”、日本和中国台湾所在的“中湖”，和东海包括印尼、菲律宾所在的巨大的“南湖”。这三个“湖”在不同的历史时期决定了日本对外战略利益和实现战略利益的手段。在日本实行自我封闭的战略时它们成为了天然的屏障，到了日本对外进行帝国主义扩张的时候则成为日本要防御的“内海”，实现内部发展和外部防御。这样的地缘环境决定了日本天然地想要控制这三个“湖”，围绕自己建构一个“共荣圈”。[②]

日本从明治维新以来积累的先进工业能力、领先亚洲的经济地位、强大的军事实力和海外殖民地都随着二战的失败而消失。取而代之的是战争的痛苦和美国的占领。日本国民在经历战败后对国防和战争缺乏兴趣，这也让日本外交决策者担心缺少足够的资金预算进行安全

① 日本外务省：《日中战争（第1册）》，《第二次近卫内阁成立到太平洋战争开始》，https：//www. mofa. go. jp/mofaj/annai/honsho/shiryo/archives/pdfs/nitchu1 _09. pdf。（上网时间：2018年9月7日）

② Raphael Israeli，“The Three Lakes in Japan's Strategy in East and Southeast Asia”，*Strategic Analysis*，Vol. 24，No. 5，2000，pp. 987 – 1003.

保障。[1] 1945 年到 1952 年间美国对日本进行民主改造，扩大民众在军事安全议题中限制政府的程度以确保日本不再会构成美国的威胁。[2] 1945 年 10 月 11 日实施的五项民主改革指令，目的是确保日本从军国主义国家变为资本主义国家。其主要内容是赋予妇女参政权、保障工人团结权、教育制度自由民主化、废除专制政治、促进经济民主化。这不仅是美国从国内政治上限制日本再武装，政治精英也将首要任务放在恢复国内经济，以及和美国结成同盟获取美国的经济支持和安全保障上。尽管并非所有的政治精英都赞同“吉田主义”，但是国内的改造和美日同盟从根本上塑造了日本的战略文化。

日本的外部战略环境面临两个方向的战略压力，即来自传统的东亚大陆方向和来自太平洋的美国方向。在美苏两极对立的结构下，同美国的结盟显得至关重要。日本有同强国结盟、追求亚洲强国地位的战略传统。日本欲成为区域大国和主导大陆发展的战略野心却面临中等国家实力不足的局限。为了弥补不足，日本通常选择同国际体系内强大的国家结盟。在二战时，日本和德国结盟以图主宰亚洲。即使同德国结盟，日本有限的资源仍然难以同时支撑对西面亚洲大陆方向和东面太平洋方

---

① 日本外务省史料馆：《本国对外政策调查研究关系（杂集 议事录第一卷）》，档案号：A’·1·1·0·1－14－1，《安全保障问题研究会记录》，1965 年 3 月 17 日，第 5 页。

② Andrew L. Oros, “Democracy in Action in Japan’s Foreign and Security Policy Making”, *Education about Asia*, Vol. 15, No. 3, 2011, pp. 58－61.

向进攻的大战略。战略资源在两个方向上分散，让日本输掉了西太平洋和亚洲两个战场。在二战结束后，日本同美国结盟，搭美国的便车，追求经济强国地位，甚至一度在经济上超过美国。随着经济实力的上升，日本越来越不满足于“经济巨人、政治矮子、军事侏儒”的处境。在20世纪80年代，日本开始寻求“政治大国”和“正常国家”的身份。然而追求强大政治权力的愿望却受到美国的限制。“吉田主义”保证了日本的生存和繁荣，但让日本的外交缺乏活力。结盟的战略传统反而成了战略实施的障碍。

二、日本战略取向的三维性

一个国家的地缘环境决定了同其他国家争夺权势的方向和方式。相对固定的地理条件被赋予了权力争夺的动态转移，并最终影响到国家的权势变化。物质因素的动态变化很大程度上决定了地缘环境的变化。科学技术的发展影响着国家如何拓展其地缘优势。科学技术改变了国家对资源的需求，影响了国家地缘政治的基础和国际地位。这也就意味着伴随技术发展而来的经济、政治和军事力量的上升及对外施加影响能力的提升会改变其战略取向。这些物质性的因素从根本上影响了日本的战略取向选择。

从地缘来看，日本的战略取向具有三维性，即内向的岛国战略取向、走向内陆的大陆战略取向、对抗大陆的海洋战略取向。内向的岛国战略取向决定日本将维护岛国的安全和发展作为首要战略需求，实施对外进行有限接触的战略。走向内陆的大陆战略取向决定日本向东亚大陆的方向拓展和扩张，将东亚大陆变成自己生存和强大的战略空间。对抗大陆的海洋战略取向则决定日本联合美国和其主导的海洋同盟，建构一个游离于东亚大陆之外的海洋东亚同大陆东亚相对抗。三种战略取向之间既可以是相互竞争的关系，也可以是相互促进的关系。例如，在20世纪初期，主张对东亚进行军事扩张的“大日本主义”者和专注本岛发展的“小日本主义”者围绕日本的对外战略进行激烈博弈。最终“大日本主义”占据了主导地位，日本走上帝国扩张的道路。冷战结束初期，日本追求经济主导东亚的同时也没有放弃美日同盟，依赖美国和其海洋联盟为日本主导的“雁行模式”提供安全支撑。

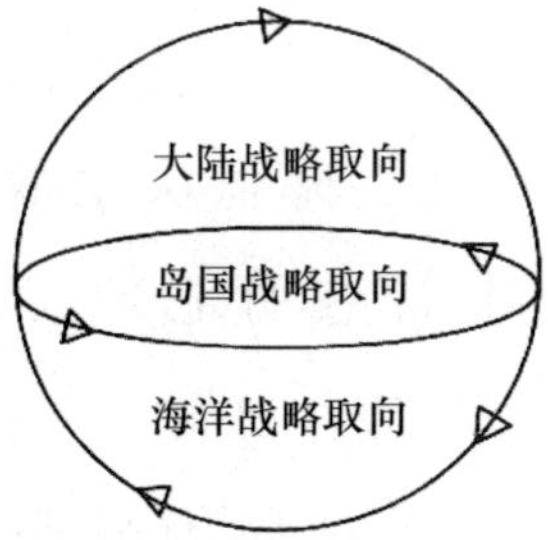

图1-2 日本战略取向的三维性

通常而言，某一种战略取向会占据主导地位，难以出现两种或者三种战略取向同时显著影响国家战略的情况。日本作为一个中等国家，难以同时将大量的战略资源投入到不同方向后获得战略成功。例如，“小日本主义”者和“大日本主义”者的对外构想可以说基本上相反。如果同时选择这两种战略取向主导日本的对外行为，就会让日本难以同时有效利用战略资源，达成战略目标。而且，政治家往往需要协调支持自己的政治力量。他们一般情况下不会突然放弃自己的支持者，实行完全相反的对外政策。因为他们需要和自己有相似战略取向的政治力量推行自己的对外构想。即使需要对自己的决策团队进行调整，他们未来的政策取向也要受到来自社会层面的限制。在选举之前，政治家会对选民做出承诺，如果突然将自己的政策取向做出截然相反的调整可能会引起选民的猜疑，影响未来的选情。而且，为领导人提供外交方案和执行外交构想的政府机构需要明确领导人的对外政策取向。这就让和领导人有相似取向的官员可以在外交决策中占据更有利的地位。如果是截然相反的两种取向同时占据主导地位的话，会加大战略决策的复杂性，降低决策效率。

日本凭借其和大陆隔绝的地理优势，在近代以前很长的一段时间里实行“自给自足”的战略。这就让对外战略和结盟显得没有必要。岛国战略取向决定战略方向是向内的，最终的战略目标是实现岛内的和平与发展，其战略路径是自我封闭，将战略资源放在岛内建设上。

岛国战略取向决定了日本的一个根本地缘需求是控制本州岛并建立中央政府权威。日本大部分领土是高山、峡谷、森林和湿地。日本的三大平原即关东平原、浓尾平原和近畿平原代表了日本现在的主要城市东京、名古屋和大阪（接近奈良和京都）。这些地方都属于日本的本州岛。近畿平原曾经是古代日本的权力中心，关东平原则是现在的权力中心。日本历史上大部分的冲突都是围绕着控制本州岛展开的内部冲突。不论是天皇还是军阀都将在本州岛建立中央政权作为首要任务，而后才是向本州岛以外扩张。

在东亚大陆的另一端，大陆内的战争对于隔海相望的日本来说并不构成威胁，海洋的天然屏障让日本远离了东亚大陆的战争。日本外务省一份1965年的史料反映了相似的地缘认识："日本因为是四面环海的岛国，所以在安全保障上处于有利的环境。虽然海洋在现在看来安保的意义减少了，但是海洋的存在保证了日本的安全。"① 在古代有限的技术支撑下，穿越海洋屏障对东亚大陆进行进攻并最终占有是困难的。同样，即使东亚大陆的国家进攻并成功占有日本，后续的长期稳定统治也是古代帝国难以解决的问题。从日本的历史来看，海洋屏障很好地保护了日本。在丰臣秀吉远征朝鲜失败后，德川家康开始了长达

① 日本外务省史料馆：《本国对外政策调查研究关系（杂集 议事录第二卷）》，档案号：A'·1·1·0·1-14-1，《安全保障问题研究会记录》，1965年11月24日，第2页。

200年的锁国政策，将日本同外界隔离开。这样的战略被证明是成功的。日本免遭外部的侵扰，本土文化也摆脱了外部文明的压制在这一时期有极大的发展，让自己独特的文化得以稳定发展。

岛国战略取向并不意味着完全和外部隔离。作为一种内向的战略取向，其战略方向指向本岛意味着其排外的和有强烈危机意识的战略文化决定了日本有时候既需要最大程度地通过和外部的隔绝来确保安全，有时候也需要和外部接触来实现岛国的发展，例如获得外部先进文明滋养这片资源匮乏且多灾多难的土地。虽然这看似矛盾，但为建设岛国提供了动力。到了20世纪初期，日本提出“小日本主义”。当时日本正在忙于对东亚大陆的军事扩张，践行“大日本主义”，石桥湛山却反其道而行之倡导“小日本主义”。他认为工业社会并不需要太多的土地，不足的资源可以通过购买解决。通过战争确保所需的物资要付出很多成本，还不如将资金用来提高人民的生活水平。因此，日本应该缩小军备、放弃所有殖民地和侵占领土，通过产业和贸易来求生存、求发展。[①]“小日本主义”以德川家康为代表，更正确地说是整个江户年代，日本奉行的都是“小日本主义”。[②]

时至今日，岛国战略取向仍然可以在日本的战略讨论

① 関静雄、『近代日本外交思想史入門』、ミネルヴァ書房、1999年版、第165－175頁。

② 吴寄南：《新世纪日本对外战略研究》，时事出版社2010年版，第355页。

中看到。理查德·萨缪尔斯的研究指出，在围绕日本大战略的辩论中持有谋求自主取向观点的人倾向于将日本同美国和中国两国保持距离，获得更多对外行为的自由。持有自治论的人对外部抱有不信任感，既不倾向美国的同盟支持，也不偏向和中国的经济交往带来的利益，而是和两国的深度隔离，深度孤立自己。在他们看来最重要的是要让日本获得军事上的自主和真正的独立，最终将日本建成一个“独立而完善”的岛国。①

除了内向的岛国战略取向，大陆战略取向和海洋战略取向是两个重要的对外战略取向。大陆战略取向的战略方向指向东亚大陆，其战略路径是对东亚大陆进行扩张和主导来实现自己生存和强大的战略目标。在古代，先进的技术、商品、文化从海上运往九州，流入到被认为是日本起源的邪马台国。这种早期的交流在今天依然可以在位于九州福冈的志贺岛上寻到踪迹：1784年被发现的“汉倭奴国王印”和“蒙古冢”。据《后汉书·东夷列传》记载，“建武中元二年倭奴国奉贡朝贺，使人自称大夫，光武赐以印绶”。叫做卑弥呼的女王代表日本被赠予刻有“汉倭奴国王印”的金印。在获得中国的承认后，她巩固了对邪马台国的统治。②“蒙古冢”则是日本

① Richard J. Samuels, Narushige Michishita, “Hugging and Hedging: Japanese Grand Strategy in the 21st Century”, *Worldviews of Aspiring Powers: Domestic Foreign Policy Debates in China, India, Iran, Japan, and Russia*, Oxford University Press, 2012, pp. 21 - 22.

② 冯玮：《日本通史》，上海社会科学院出版社2012年版，第30—33页。

人为了纪念在13世纪蒙古帝国战死日本的蒙古战士建立的坟墓和纪念碑。可以说这两个遗迹反映了日本上千年来作为一个岛国对东亚大陆的两种战略思想。古代日本诸国需要来自东亚大陆的先进文化来推动自身的发展。然而在接受从大陆来的先进文明的同时，日本恐惧来自东亚大陆的侵略，甚至担心因为引进外部文明而造成国内政治的不稳定。①

航海技术的发展为日本向大陆进发提供了支撑。日本逐渐形成了通过控制大陆拓展战略空间的战略传统。日本介入到6—7世纪朝鲜半岛的战争中，不断和唐朝在朝鲜半岛争夺势力范围。大量的海外移民因为战争来到日本，带来先进的技术，推动了日本本土的发展。17世纪，丰臣秀吉统一日本后对朝鲜发兵，甚至想攻打中国。在丰臣秀吉死后，日本占领朝鲜的迷梦幻灭，进入了长达两个世纪之久的锁国状态。从生存恐惧上升为占有大陆并且追求成为大国的战略野心，形成了大陆取向的战略传统，影响了日本上千年的对外战略行为。

东亚大陆对日本来说既是合作和发展的方向，也是不安的来源之一。② 为了克服不安就要掌控东亚大陆的命运。可是当大陆战略取向陷入困境之时，掌控东亚大陆就显得

① 一个来自东亚大陆的力量造成日本国内政治不稳定的例子是代表来自朝鲜半岛势力利益的苏我氏家族同保皇派之间的斗争。苏我氏之强大和狂傲行径可以说到了轻蔑皇室的地步。例如苏我入鹿诛杀圣德太子之子山背大兄王。苏我入鹿被后来成为天智天皇的中大兄皇子所杀。

② 在北京对日本庆应大学加茂具树教授的访谈，2018年7月27日。

极其困难。为了应对可能来自东亚大陆的威胁，就需要海洋战略取向发挥作用。战略方向指向海洋，形成了依赖美国和其主导的海洋联盟支撑日本在东亚的海洋强国地位，谋求外交自主引领海洋东亚的战略路径。简单地说，海洋战略取向是一种对抗大陆的战略取向。通过加入到美国的海洋联盟中，日本实现了安全保障，并且在战后快速实现经济崛起，成为当时亚洲唯一的发达国家。在太平洋上，日本既可以是美国在东亚不沉的“航空母舰”，也可以“作为西方发达国家和亚洲国家之间的‘桥梁’”。[①] 这样的双重身份为日本的外交带来了灵活性。另外，日本是一个有大国冲动的中等国家。[②] 日本一直试图在美国的约束下寻求战略自主，将自己视为东亚的海洋强国。在东亚寻求在美国领导的亚太区域下建立日本引领的“小东亚”的海洋。[③]

海洋战略取向也是一种对大陆防御的战略取向。日本列岛连接着周围众多小群岛，向各个方向延伸。其中南方是九州岛向琉球群岛延伸，而后向台湾海峡和南海上的诸

---

① 日本在20世纪八九十年代是G7中唯一的亚洲国家。在G7峰会开始前和结束后，日本向亚洲国家派出特使听取意见和解释峰会的结果。在那个时期，成为东西方之间的桥梁是日本的战略取向。和曾任三国合作事务局局长岩谷滋雄的邮件交流。

② 添谷芳秀、『日本の「ミドルパワー」外交—戦後日本の選択と構想』、筑摩新書、2005年版。

③ 日本外务省史料馆：《本国对外政策关系（杂件、调书、资料第一卷）》，档案号：A’·1·0·0·16－1。在日本外务省内部对战后反思所收藏的学术著作中有将日本视为太平洋上千岛中的“女王”，要发挥其在东亚的大陆性和海洋性的实力的观点。参见神川彦松：《我国外交的批判——从世界强国到无条件投降》，1951年版。

多群岛延伸。从这一地缘视角来看，日本有着内在的动力想要限制中国向海洋扩散影响力，担心中国走向海洋挤压日本的地缘空间。而这也就自然而然地让日本追求以海洋对抗大陆的战略。

三、大陆战略取向对日本战略行为的影响

战略目标从最根本上规范了国家对外战略实施的方式和方向。战略取向则是在国家的终极战略目标明确后形成，决定国家的战略方向和偏好。

在战略决策层面上，领导人和政府机构的战略取向最终将战略取向外化为战略行为。领导人可以提出外交构想并敲定最终方案，但是将构想转化为计划并且去执行就需要政府机构。例如，鸠山由纪夫上台后对建构“东亚共同体”抱有很大热情，他的外交政策具有明显的加强和中国之间友好关系的取向。

大陆战略取向占据主导地位的时候，它会和次级的战略取向共同影响日本对东亚的战略行为。例如，日本依附于美国的霸权无疑促进了以日本为“领头雁”的产业结构；小泉纯一郎政府依靠美国的战略支持应对中国，但也不得不和中国合作来主导东亚合作进程。日本外务省主导的区域合作倡议倾向于包括亚太地区的“开放的区域主义”和“共有价值观”，经产省主导的倡议则倾向于东亚

区域内的双边经济伙伴关系。[①] 总之，战略决策的各种组织在相互博弈后，大陆战略取向的影响在外交决策之中得以体现。

① 日本政府内部不同的部门接受的信息不同，处理的事务不同。在对外关系中不同的部门有不同的取向，它们为首相提供的信息代表了不同的战略取向，首相又会根据个人的战略取向做出决策。在北京对日本庆应大学教授加茂具树的访谈，2018 年 7 月 27 日。

第二章　主导东亚的战略追求

先进的文化从中国大陆沿着朝鲜半岛流入日本，为这个岛国的原始文明带来发展。同时，古代日本也将东亚大陆视为自己武力扩张的方向。丰臣秀吉兵发朝鲜，剑指中国，试图在东亚建立自己的霸权。近代以来的日本更是贯彻“大日本主义”，占领朝鲜半岛，侵略中国和东南亚，再深入亚洲腹地妄图建立日本领导的“大东亚共荣圈”。这样的战略惯性背后是大陆战略取向在发挥作用。由此也可以看出，在一个较长的历史时段里，日本的战略方向指向东亚大陆，主导东亚的战略路径发挥了重要的作用。

第一节　近代的霸权战略取向

从明治维新到二战结束，日本对东亚大陆发动了多次战争。如果以综合而连贯的视角来观察这些跨越了数百年战争的话，我们会看到日本首先掌控亚洲大陆边缘地带，而后以此为跳板深入大陆腹地的行动逻辑。

在德川幕府的统治下，日本实行了长达260余年的锁国战略。中国、朝鲜半岛和荷兰虽然可以和日本进行贸易，但是其贸易活动受到限制，并且只能够在长崎一地进行交易。1853年，美国海军准将佩里率舰队强行驶入江户湾的浦贺及神奈川。幕府在美国的压力下接受开港的要求，还连续和西方列强签订了很多不平等条约。大批农民和手工业者因为外货的倾入而纷纷破产，一些中下级武士也提出“尊王攘夷”的口号，日本国内开始了推翻幕府运动。1868年，西南各诸侯包围皇宫，拥立年少的明治天皇掌握大权。明治天皇在手握大权后发布《王政复古大号令》，废除幕府，发动戊辰战争并最终将日本全境统一。

面对东亚的形势变化，在明治政府面前出现了两条路：一条是和清朝、朝鲜结成联合阵线阻止欧美列强，特别是俄国的侵略；另一条则是跟西欧一样，在东亚进行霸权争夺。第一条路并没有成为日本的最终战略选择。在19世纪末期，日本国内出现了主张日本作为“文明之国”联合中国、朝鲜半岛防止欧洲列强侵略的“东洋盟主论”。在日本思想家如福泽谕吉、樽井藤吉等人的思想中能找到日本、中国和朝鲜半岛合作，共抗欧洲列强的构想。但是其实质是日本一边利用其传统近邻抵挡俄国南下和欧美列强的侵略，另一边则想要自己成为“盟主”驾驭他国[①]。

第一条路的最终目的是在东北亚建立一个日本担任“盟主”的“联盟”抵御欧洲列强。这条道路难以满足日本不断膨胀的战略野心，也缺乏现实支撑。张景全认为，日本自从明治维新以来总是选择和强者结盟，并且在结盟后挑战盟主。[②]当时的清朝从盛转衰，显然并非日本结盟的选择。而且日本的战略野心不断膨胀，从最初的取代中国在东亚的领导地位变为侵略中国，走军国主义道路，争夺世界霸权。

日本为何会选择第二条路呢？日本对东亚大陆的觊觎之心早在16世纪末就已经昭然若揭。丰臣秀吉在统一日本后就企图占领朝鲜半岛，而后征服中国和印度，建立其领导的“大日本帝国”。到了17世纪，这一“历史遗梦”又影响了当时的知识分子。本多立明提出了对周边邻国进行征讨、吞并欧洲和亚洲的“殖民扩张论”。佐藤信渊宣扬“日本神国论”“大和民族优秀论”，提出北上攻取朝鲜半岛和中国，南下进攻东南亚，最终建立“大日本帝国”的“宇内混同论”。他的思想成为近代日本“大陆政策”和“大东亚共荣圈”的思想原点之一。吉田松阴提出侵占朝鲜半岛和中国的土地以弥补在对俄国和美国贸易上损失的“东西补偿论”。他的很多对外侵略构想影响了后来成为明治政府要员的学生，并将之作为最高决策来实施。木

① 樽井藤吉：《大东合邦论》，1883年版。

② 张景全：《日本对外结盟研究》，吉林人民出版社2007年版，第123页。

户孝允的“征韩论”、山县有朋的“主权利益先论”是其老师“东西补偿论”的具体化。日本吞并琉球、朝鲜半岛，向中国东北部发动进攻并企图侵占中国，对美宣战以争夺世界霸权等军事行为则贯彻了吉田松阴的“六步走”战略。[①]

星野芳郎对日本军国主义的源流进行研究，认为日本之所以走上第二条路是因为：明治时期的日本为疑似近代化国家，以天皇的神秘性作为民众的精神支柱；军人集团和官僚集团依靠天皇的神秘性拉拢其他集团，操纵国家机器；日本独有的集团意识和集团阶层结构让日本社会从上到下都听命于天皇的领导；明治时期知识分子煽动军人集团对外征战，在精神层面上支撑着军国主义。[②] 他认为，这样的内部环境催生了日本国内产生“不合逻辑、异常发生的征韩论”。[③] 在19世纪末期，对于日本未来的前进方向，国内出现了“征韩论”和“内治派”两股对立的取向。“征韩论”的代表人物西乡隆盛认为朝鲜半岛的锁国会衍生出对日仇恨的政策，而且朝鲜半岛的战略也妨碍了日本联合周边国家抵御西方，最终让日本立于危墙之下。“内治派”则标榜以西方模式实行内部近代化改革，认为“征韩”时机尚未成熟。他们在政权斗争中打败了“征韩

---

① 孙立祥：《“海外雄飞论”的引领与日本扩张道路的选择》，《华中师范大学学报（人文社会科学版）》，2016年第6期。

② ［日］星野芳郎著，张悦亭译：《追溯日本军国主义的源流》，中国文史出版社2007年版。

③ ［日］星野芳郎著，张悦亭译：《追溯日本军国主义的源流》，中国文史出版社2007年版，第103页。

论”的支持者们。但是颇具讽刺意味的是，持有“内治派”观点的岩仓具视、大久保利通和木户孝允等人在获得主导国家大政方针的权力后却走向了“征韩论”者的道路。

1876 年日本对朝鲜半岛炮舰相逼，效仿当年美国强行打开日本国门的做法，迫使朝鲜签订《江华条约》。其中所谓“朝鲜国为自助之邦，保有与日本国平等之权”，并不是要确认朝鲜的独立自主，而是意在否定清朝对其的传统地位，并为日后进一步扩张埋下伏笔。① 不仅是朝鲜半岛，日本还对中国台湾发兵，强行占有琉球王国。日本在 1884 年 12 月介入“甲申政变”，派军队闯入皇宫，意欲扶植亲日势力，进而达到从政治上控制朝鲜半岛的目的。但是在此次政变发生后，袁世凯率兵开入，阻止了日本进一步掌控朝鲜半岛的行动。

可以看到，随着国力的不断上升，日本向东亚大陆边缘地带投射影响力，从而建立自己的势力范围。在这一过程中，日本的行为显然受到当时中国的制约。那么，要突破这种限制并且建立日本主导的东亚秩序，日本显然就将打败甚至占领中国作为其“大陆政策”的下一步。随着权力转移向对日有利方向推移，日本对中国展开了一系列进攻行为。1894 年，日本在甲午海战中战胜清朝，确立了其东亚强国地位，并且彻底打破了“华夷体系”。接着，日

① 米庆余：《日本近现代外交史》，世界知识出版社 2010 年版，第 18 页。

本和海洋国家英国结盟对俄国发动战争，希望达到排除俄国、独占朝鲜半岛的目的。日本迫使朝鲜先后签订《日韩协约》和《合并条约》，将朝鲜半岛划到日本的殖民统治之下。至此，日本已然在东亚大陆边缘地带取得了领导地位。在一战结束后，日本提出对华“二十一条”，阴谋发动“九一八”事变，建立“满洲国”伪政权。日本一步步地实现着丰臣秀吉的“遗梦”。

此时，日本十分积极地推动“亚洲主义”，打着所谓“黄种人对抗白种人”的旗号建立日本主导的东亚秩序。1916 年，小寺谦吉提出建构泛亚洲来对抗白人，从而实现以日本为领导的亚洲和西方之间的平等地位。为了实现这一构想，日本打算和亚洲邻国共建“大东亚共荣圈”。[①] 1918 年 12 月，在一战的休战协定签订不到一个月时，近卫文磨就宣称要进行大陆扩张，并且立誓要根除英美特权。他看到凡尔赛会议中日本对种族平等的关注是如何被置之不理的，并且对这份协约如何保证西方占领合法性的奥妙保持沉默。[②] 1938 年 11 月 3 日，日本首相近卫文麿发表“第二次近卫声明”，号召在东北亚和东南亚建立一个以“大日本帝国”为中心的“共存共荣的新秩序”。1936 年 5 月 6 日，外相有田八郎在第 69 回帝国议会发表演说表

---

① Miwa Kimitada, “Japanese Polices and Concepts for A Regional Order in Asia 1938 – 1940”, in James W. White, Michio Umegaki and Thomas R. H. Havens, eds. , *The Ambivalence of Nationalism: Modern Japan Between East and West*, University Press of America, 1990, pp. 133 – 156.

② ［美］理查德 · J. 塞缪尔斯著，刘铁娃译：《日本大战略与东亚的未来》，上海人民出版社 2010 年版，第 31 页。

示，在充满动荡和不满的世界中，世界各国为求自己获利而树起贸易壁垒，日本为了自己的利益需要作为大国维护东亚的稳定。[①]1940 年 8 月 1 日，外相松冈洋右正式提出建立“大东亚共荣圈”。在“大东亚共荣圈”的设想中，日本和中国是一个经济共同体，东南亚是日本的资源供给地，南太平洋是日本的国防圈。[②]

有研究认为，在日本政治精英眼中，日本要担任亚洲的“道德领导者”，号召亚洲邻国“解放亚洲和亚洲文化”；要取代西方殖民“自大”和“滥用武力”的集团，建立以日本为中心的“道德集团”促进亚洲的繁荣和文化发展。[③] 日本外务省也有相似的声音认为“大东亚共荣圈”是带领亚洲反抗西方的“正确的”种族战争，[④] 伴随着清朝的衰落，东亚大陆的权力向日本倾斜。在朝鲜半岛和琉球群岛两个战略方向上限制日本的力量逐渐减弱，代之而起的是日渐强大的日本同其他国家的地缘竞争。在这一场博弈中，日本逐渐占据优势，掌控大陆边缘地带的战略要地。功利主义的日本与俄国合作瓜分中国，意图在东亚大

---

① 《日本外交文书（昭和期 II 第二部第五卷 第 69 回帝国议会有田外务大臣讲话）》，第 21—27 页。

② 日本外务省：《日中战争（第 1 册）》，《第二次近卫内阁成立到太平洋战争开始》，https：//www. mofa. go. jp/mofaj/annai/honsho/shiryo/archives/pdfs/nitchu1 _09. pdf。（上网时间：2018 年 9 月 7 日）

③ Mimura Janis，“Japan's New Order and Greater East Asia Co - Prosperity Sphere：Planning for Empire”，*The Asia - Pacific Journal*：*Japan Focus*，Vol. 9，No. 49，2011，p. 7.

④ 日本外务省史料馆：《本国对外政策调查研究关系（杂集第一卷）》，档案号：A’·1·1·0·1，《太平洋时代的形成和日本的未来》。

陆获得更多的权势。明治维新以来，日本发动多场战争的目的显然并非其所谓的“解放亚洲”。虽然这些战争的原因各异，但是其背后隐藏的一条主线是日本一步步走向内陆，将东亚大陆变为自己的势力范围。日本以所谓的“共荣共存”和“黄种人对抗白种人”其实是要利用当时虚弱的中国和其他亚洲邻国排挤俄国（苏联）的影响力，以最终实现掌控东亚大陆的目的。

第二节　冷战期间大陆边缘地带的再拓展

二战结束后，吉田茂首相确立了追求经济发展，实施有限军备防御的战略。这一主张被称为“吉田主义”，深刻地影响了日本冷战期间的外交战略。吉田茂认为，即使是面对共产主义的威胁，日本最应该做的是尽最大努力快速恢复日本的经济，而不是把钱花在军备上遏制苏联可能的军事威胁。[①] 外务省对二战后初期的世界情势调查也得出了相似的结论。外务省认为，日本最需要关心的问题是非军事化、同苏联的关系等，其中如何在合理解决这些问题的基础上从战火中重建日本是重中之重。[②] 随着冷战大幕的拉开，外务省认为日本要做的并不是追随美国同苏联

① 日本外务省史料馆：《本国对外政策调查研究关系（杂集第四卷）》，档案号：A'·1·1·0·1，《吉田外务大臣讲话要点》。

② 日本外务省史料馆：《本国对外政策调查研究关系（杂集第二卷）》，档案号：A'·1·1·0·1，《世界形势判断的案件》，1946年6月3日。

展开一场资本主义和社会主义的对抗；对日本来说最理想的政策选择是在依靠美国的同时，尽可能地维持独立，发展经济，改善同周边国家的关系。①

表2－1　国民生产总值（GNP）②

	1949年	1952年	1960年	1965年	1970年	1975年	1981年
金额（兆日元）	3.37	6.11	14.66	32.81	73.13	146.87	248.53
倍率	1.0	1.8	4.3	9.7	21.7	43.8	73.7

在美日同盟的安全保障之下，快速的经济增长让日本从二战后满目疮痍的国家迅速成为国际经济舞台中不可忽视的力量。日本国民生产总值从1949年的3.37兆日元不断上升，1952年的国民生产总值已经是1949年的1.8倍，1965年达到32.81兆日元是1949年的9.7倍，1981年的248.53兆日元更达到了1949年的73.7倍。就在日本经济高速发展的时候，美国则陷入越南战争泥沼。日本巧妙地运用战争赔偿，积极地对亚洲邻国进行经济扩张，把经济外交拓展到欧洲市场。③

但是在欧洲和美国两个重要市场，日本面临的压力越来越大。欧洲开启一体化后对日本的贸易产品进行关税限

① 日本外务省史料馆：《本国对外政策调查研究关系（杂集第二卷）》，档案号：A'·1·1·0·1，《关于国际形势的一个考察》，1949年2月10日。

② 日本外务省史料馆：《日本外交30年/最终稿》，档案号：SA'·1·2·1·2014－0029。

③ 吴学文、许之先、李信根著，吴学文主编：《日本外交轨迹（1945—1989）》，时事出版社1990年版，第66页。

制，在美日贸易摩擦加剧后，美国也要求日本进行自我限制。国际市场的压力促使日本寻找新的产品出口地。外务省认为，日本要解决欧洲和美国的贸易保护主义带来的问题需要做两手应对：利用西方国家和日本同属发达经济体的优势扩大自身在世界的经济地位；联合非发达经济体如中国和东南亚国家来破除西方国家的贸易保护主义，提升日本在国际经济中的地位。也就是说，依靠从欧美获得的技术以及美国主导的国际经济体系来打开亚洲邻国的市场；东南亚国家和韩国不仅和日本地缘相近，而且经济实力比日本相对较弱。利用这些优势将邻国作为对外投资的重点，提升日本在国际经济格局中的话语权，应对欧美的贸易保护主义。

表 2－2　日本对外国的政府发展援助和国别分配（单位：%）①

年度	第 1 位	第 2 位	第 3 位	第 4 位	第 5 位	五国在全球比例
1970 年	印尼 33.8	韩国 23.3	巴基斯坦 10.6	印度 8.8	菲律宾 5.2	81.7
1973 年	韩国 20.5	印尼 18.7	菲律宾 18.5	印度 9.0	缅甸 7.3	74.0
1975 年	印尼 23.3	韩国 10.3	菲律宾 8.3	马来西亚 7.4	印度 5.5	54.8
1979 年	印尼 11.8	孟加拉国 10.7	泰国 9.4	缅甸 9.3	巴基斯坦 8.8	50.0

① 日本外务省史料馆：《日本外交 30 年/最终稿》，档案号：SA'·1·2·1·2014－0029。

续表

年度	第1位	第2位	第3位	第4位	第5位	五国在全球比例
1980年	印尼 17.9	孟加拉国 11.0	泰国 9.7	缅甸 7.8	巴基斯坦 5.7	52.1
1981年	印尼 13.3	韩国 13.1	泰国 9.5	菲律宾 9.3	孟加拉国 6.4	51.6

东亚大陆边缘地带再一次成为日本的战略要地。日本依靠战争赔款和政府发展援助来缓和东南亚人民的反日情感，并且通过和东南亚的贸易往来确保稳定的原材料基地和出口市场。日本政府发展援助的重点在东南亚地区。印尼、韩国、孟加拉国、菲律宾、巴基斯坦、泰国、缅甸和印度经常位居前列。位列最前面的5个国家在20世纪70年代到80年代，占据了日本政府发展援助一半以上的份额，尤其是1970年更是达到了81.7%。日本迅猛的经济发展将这些国家变为其商品消化地，生产所需的石油、天然气等重要资源由这些国家流入日本，为日本带来繁荣。一条和二战前相似的战略路径再次呈现在人们面前：在日本强大后，以经济扩张的方式将东亚大陆边缘地带变为自己的“战略后院”，而后则是深入东亚大陆内部。

但是这样的设想并非没有阻力，日本的经济扩张行为引起了对象国的不满。外务省认为，引发不满的主要原因是日本经济客观上比当地要发达造成了贸易逆差，加上经济民族主义和历史问题催发了反日情绪。[①] 1974 年田中角荣首相访问东南亚国家时，对日不满情绪爆发：在曼谷出现了大规模的反日游行；雅加达发生暴动导致田中角荣被困在宾馆内；日本在印尼的工厂被破坏。从外务省史料馆的档案来看，外务省已经做了很多准备和努力，其内部文件中也出现了制定缓解对日不满情绪的计划。但是这些计划在当时既难以马上改变日本贸易顺差的经济结构，也难以短时间内起到“平复不满”的作用。[②]

1977 年，福田赳夫首相出访东南亚国家，提出“福田主义”逐渐缓和了日本和东南亚国家间的关系。福田赳夫于同年 8 月 8 日在马尼拉发表题为《我国的东南亚政策》演说，表示日本不做军事大国，要和东南亚国家建立心心相印的互信关系，从“对等合作者”的立场出发加强相互合作和理解。“福田主义”提出后得到东南亚国家的积极回应，日本同东盟国家的关系得以改善。“福田主义”的出台，调整了日本推行“赔偿外交”“经济外交”，一味掠夺东南亚国家资源、抢占市场的做法，设法改善日本“经济动物”的形象。然而，这并不意味着彼时日本可以建立排他的经济集团。外务省认为在太平洋地区不会出现像欧洲那样的区域制度合作。[③] 因为东亚地区受到美苏对立和

① 日本外务省史料馆：《ASEAN 各国日本公馆次席会议/对日批判问题》，档案号：SA’·1·3·1·2010－0041。

② 日本外务省史料馆：《田中首相东南亚各国访问》，档案号：SA’·1·3·1·2014－5052。

③ 日本外务省史料馆：《亚洲太平洋地域构想》，档案号：SA’·1·6·2·2010－4241。

意识形态的影响难以形成一个区域经济集团，所以建立日本主导的区域经济合作更具操作性。

日本依靠美国主导的太平洋秩序为其提供安全和经济制度保障，建构东亚经济“领头雁”的地位来实现经济发展和繁荣。[①] 20 世纪 90 年代初期，日本通过对外投资和产业转移在东亚形成了以“亚洲四小龙”为中级产品供应，以东盟工业化国家为零部件生产，以中国大陆为劳动密集型产业支撑的“雁行模式”的东亚产业链和经济合作带。在“雁行模式”的东亚产业分工中，日本处在“雁首”的位置带动东亚经济发展，新型工业化经济体是“雁翼”承接者，包括中国在内的其他东亚国家则是依附于日本的“雁尾”。在这个过程中，处于“雁尾”的东盟国家对“雁首”日本有很强的依附性。日本经济的好坏决定了“雁翼”和“雁尾”的发展。[②]

长期以来，美国默认日本对东南亚进行经济投资，但是却对中国抱有警惕。所以日本可以较早地将东南亚纳入其经济框架之中。在中国改革开放之前，日本同中国的贸易关系受到美苏对立和意识形态影响严重。外务省认为中国是日本在亚洲的重要邻国，要保持和中国的经济交往，并且希望中国能够达到一定的经济发展。同时，保持和中国的经济关系让日本面临很多压力。外务省官员在和美国相关人士进行交流时表示理解美国对中国的安全考虑，但

① 日本外务省史料馆：《日美贸易经济合同委员会关系第六回委员会本会议发言》，档案号：E'·2·3·1·17－6－5－2。

② 张雨：《从雁行模式到“10＋3”模式》，《世界经济与政治论坛》，2002 年第 5 期，第 15 页。

也表达了希望美国能够理解日本需要和中国合作的立场。[①]所以，直到中国改革开放和中美关系改善后，日本推动中日经济关系发展的阻力才逐渐减少。此外，意识形态因素让日本对中国难以放心。在日本积极践行亚太区域主义的时候，外务省认为中国仍然是日本可能的安全威胁，而且中国对于日本的经济扩张也存在不信任。[②]

以日本为中心的“垂直分工”带动了东亚地区的经济发展。但是，其中暗含着日本实现以经济主导东亚大陆，使自身利益最大化，从而支配和领导整个东亚的战略追求。日本很快通过各种组织形成以自己为中心的劳动分工来主导东亚经济工业化过程；主导科技和技术转移，固化产业转移循环，防止后进国家跳跃式发展挑战日本“领头雁”的地位。即使这种在东亚的经济扩张行为构成对美国霸权的挑战，日本依然沿着主导东亚大陆的战略路径捍卫这种经济制度。[③]这种通过快速获取海外技术和现代化的工业发展战略和19世纪以经济促进军力控制亚洲的战略有着某种相似性。[④]

---

① 日本外务省史料馆：《ASPAC（亚洲太平洋部长会议）》，档案号：SB’·19·1·0·2010－4112；《日本与中国贸易》，档案号：SE’·1·2·4·2013－1630。

② 日本外务省史料馆：《本国外交政策/环太平洋连带构想》，档案号：SA’·1·2·1·2015－2129。

③ 有学者认为“日本问题”就是通过不断的贸易谈判来确保自己在美国和欧洲的市场份额，但同时却一直保护自己的市场。日本不断对外进行经济扩张在东亚追求经济霸权，但是在政治和经济上却不愿意承担国际义务。参考：Johnson Chalmers, *Japan, Who Governs?: The Rise of the Developmental State*, W. W. Norton & Company, 1995。

④ Heginbotham Eric, Richard J. Samuels, “Mercantile Realism and Japanese Foreign policy”, *International Security*, Vol. 22, No. 4, 1998, p. 174.

第三章　引领东亚的合作发展

因为背负二战的负面遗产，日本在冷战期间很长一段时间不提东亚合作。冷战结束后，在欧美形成了自由贸易区，而东亚国家却没有建立经济集团。这就给东亚各国带来了压力。1997 年的金融危机让东亚国家认识到建立新的区域合作机制、开展区域合作的重要性。东亚国家进行东亚区域合作意愿的上升给日本通过制度引领东亚提供了机会。日本开始积极参加东亚制度合作实现主导东亚的战略目标。

第一节　东亚合作的酝酿

冷战结束后，东亚区域合作迎来了新的契机。传统的地区对立结构和意识形态对抗作用下降，取而代之的是更加频繁的人员和经贸交往。域内国家开始就东亚合作展开积极协调，并建立区域合作机制共同应对挑战。日本作为东亚的重要经济体也积极参与其中。

一、日本与东亚区域经济一体化

冷战的结束为东亚区域经济一体化创造了机会。意识形态造成东盟国家间的分裂和对立结束，柬埔寨、老挝和越南先后成为东盟成员国。1992 年东盟首脑会议签署《新加坡宣言》，取消关税壁垒以加强东盟的竞争力。在宣言中提出以有效普惠关税计划为主要机制，在 15 年内建立东盟自由贸易区。伴随着中国改革开放，中国的经济在 20 年间快速增长。在东北亚，中国和周边国家快速实现关系正常化，加深了和地区国家之间在政治和经济上的联系。东北亚和东南亚国家同中国之间的合作进一步加深。东亚作为一个经济共同体也逐渐被世界所认识。20 世纪 90 年代世界银行的报告将东亚经济的快速增长称作“东亚奇迹”。

相对于欧洲和美洲的一体化进程，东亚区域经济一体化发展相对缓慢。在冷战期间，日本将自己视作“自由世界”的一员，融入到美国主导的经济体系中。虽然日本可以享受该体系带来的好处，但是美国和欧洲对日本树立贸易壁垒，让日本始终遭受“排挤”。日本多次对美国表示，美国作为世界自由主义大国应该举起自由贸易的大旗，采取开放的经济政策。日本还对美国提出美日两国共同进军欧洲市场、打破欧洲经济壁垒的意见。[①] 冷战结束后，欧洲大陆和北美大陆的区域一体化进一步深化。欧盟实现单一市场并接受奥地利、芬兰和瑞典成为新成员。美国、加拿大和墨西哥则达成北美自由贸易区。反观日本则迟迟没有在东亚建立以自己为中心的经济集团。

时任马来西亚总理马哈蒂尔在1990年12月提出“东亚经济集团”倡议，希望建立一个涵盖东北亚和东南亚的经济组织，之后该提法修正为“东亚经济论坛”。从日本外务省收集的关于马哈蒂尔对“东亚经济论坛”的谈话来看，马哈蒂尔出于以下考虑提出该倡议：（1）在参加亚太经济合作组织的成员中有美国、日本、澳大利亚和加拿大这样的大国。大国在亚洲的影响力让东盟的地位、角色和声音相对下降。（2）面对欧共体和北美自由贸易区的贸易保护主义，东亚国家要用同一个声音才能够保护自由贸易。美国表面声称要进行自由贸易，但是却在各种各样的商品贸易上实行贸易保护主义。（3）东亚地区经济发展迟缓，需要其他东亚国家的相互合作。对马来西亚的经济发展来说，尤其需要日本的帮助。而且马来西亚也认为东亚国家的相互合作能够实现整体发展。[②] 对日本来说，建立一个排他的区域合作并非没有诱惑力。如马哈蒂尔所指出

---

① 日本外务省史料馆：《日美贸易经济合同委员会关系第二回委员会本会议（议事概要）》，档案号：E'·2·3·1·17－2－3－1；《日美贸易经济合同委员会关系第一回委员会本会议（资料第一卷）》，档案号：E'·2·3·1·17－1－5。

② 日本外务省史料馆：《APEC》，档案号：SB'·19·3·9·2008－0130，福田大使发回外务省的电报：《APEC等相关的马哈蒂尔总理的评论》，1991年11月21日，第1917号。

的，日本在东亚的经济实力突出，可以主导东亚核心论坛。马哈蒂尔的倡议在东盟内部得到了强烈反响，有各种各样的讨论。新加坡认为大国对亚洲区域合作的参与是必要的。菲律宾、印尼和泰国虽未直接表态，但是都主张维护自由贸易共同应对贸易保护主义。[①] 日本对此的态度是观望后续发展。[②]

对于日本来说，建立一个日本引领的东亚合作制度可以让东亚用一个声音打开欧盟和北美自由贸易区的“封闭”市场。同时，日本也可以响应东盟国家的期望，并且进一步主导东亚经济发展。日本对马哈蒂尔的建议表现谨慎的原因，是当时日本对“亚洲和太平洋”区域有更大的兴趣，外交政策的“美国中心”让其难以在东北亚和东南亚开展一个排除美国的区域合作。[③] 这就和日本想要在亚太建立一个开放的区域合作组织相悖。此外，日本依附美国霸权可以以经济手段主导东亚的发展，然而追求更大的政治权力的愿望会受到美国的限制。马哈蒂尔在提出建立“东亚经济论坛”后，希望日本能够发挥领导作用推动东亚一体化进程，但是美国不希望看到在东亚出现一个排除美国的区域集团，于是对日本施加压力，要求日本不要支

① 日本外务省史料馆：《APEC 阁僚会议（第三回）》，档案号：SB’·19·3·9·2008－0129，《第三回 APEC 阁僚会议讨论概要》。

② 日本外务省史料馆：《APEC 阁僚会议（第三回）》，档案号：SB’·19·3·9·2008－0129，《第三回 APEC 阁僚会议代表团所感》，第 4 页。

③ Terada Takashi，“Constructing an ‘East Asian’ Concept and Growing Regional Identity：From EAEC to ASEAN + 3”，*The Pacific Review*，Vol. 16，No. 2，2003，p. 258.

持马哈蒂尔的提案。[①] 日本不得不在回应亚洲的期待和美国的要求之间进行选择。最终，日本还是在美国的压力下放弃了建立“亚洲版北美自由贸易区”的诱惑。[②]

20世纪90年代，东亚作为一个地区概念在各种外交场合越来越多地出现在各国官方交流中。在各种部长会议和正式会议中，政策制定者日益认为有必要推动东亚合作。从1991年到1997年，东盟外长会议讨论了马哈蒂尔提出的“东亚经济集团”倡议。在1995年到1997年的东盟部长联合声明中提到将“东亚经济集团”改名为“东亚经济论坛”。[③] 在这一时期，东盟同中国、日本、韩国的各秘书会议中也都对“东亚经济论坛”倡议进行了讨论。1997年，金融危机让域内国家意识到东亚缺少一个由域内国家组成的应对机制，也是通过在危机中共同行动，东亚国家之间形成了事实上的“区域集团”并在此后逐渐塑造了共同的东亚身份。作为一个包含东北亚、东南亚的东亚地区逐渐被域内国家所接受，为日本提出以“东亚”为名的地区倡议和推动东亚区域主义提供了机会。

---

① 日本外务省史料馆：《APEC 阁僚会议（第三回）》，档案号：SB’·19·3·9·2008－0129。

② Fukushima Akiko, *Asia's New Multilateralism: Cooperation, Competition and the Search for Community*, Columbia University Press, 2009, p. 107.

③ Terada Takashi, “Constructing an ‘East Asian’ Concept and Growing Regional Identity: From EAEC to ASEAN + 3”, *The Pacific Review*, Vol. 16, No. 2, 2003, p. 256.

二、远离"美国中心"的区域倡议

1997 年 5 月，一场突如其来的金融危机席卷泰国，而后在亚洲迅速蔓延。泰国一度想要通过干预汇率市场，或者寻求同新加坡、马来西亚和中国香港进行协调的机会来解决危机。同年 7 月 2 日，泰国听从了国际货币基金组织的建议，让泰铢进行自由流动以解决金融危机。但泰铢仍然不断贬值，金融危机扩大到东南亚其他国家。最终，泰国在同年 7 月 28 日向国际货币基金组织寻求帮助。在此之前，泰国政府曾向日本寻求援助，但是遭到日本的拒绝。

金融危机爆发后，日本仍然想要延续其依赖美国的路径，解决金融危机。但是危机影响的不断扩大和现有机制的应对不力让日本不得不采取行动。在经济方面，日本长期对东南亚进行直接投资，经济交往密切。从东南亚开始蔓延到亚洲的金融危机对日本已经停滞的经济造成巨大打击。日本拒绝泰国和韩国绕开国际货币基金组织寻求双边援助的请求，并且任由日元贬值，加剧了东亚经济的动荡。克林顿政府批评日本难以提高自身经济帮助亚洲国家摆脱危机。日本作为亚洲唯一发达经济体不仅不采取积极行动应对危机，还选择损害别国利益而维护自己利益的做法打击了日本在东亚经济合作中的领导地位。为了稳定地区经济和重塑其领导形象，日本开始提出偏离其过去“美国中心”的经济倡议，甚至挑战美国的金融霸权。

1997年8月，日本提出设立独立于国际货币基金组织的规模为1000亿美元的“亚洲货币基金”倡议，日本愿意提供500亿日元。“亚洲货币基金”倡议在成员构成上并不包括美国。日本官员对美国强调，没有故意排除美国的意图。他们认为美国可能不会及时为泰国提供资金援助。榊原英资是当时大藏省国际金融局局长。他表示，“亚洲货币基金”是一个日本和其他东亚国家合作的倡议，美国如果被纳入到其中的话就和国际货币基金组织没有什么差别。① 有研究认为，该倡议的背后是要改变地区金融制度对美元的严重依赖，并且重新恢复日本在地区的领导地位。② 这自然引起了美国和国际货币基金组织的反对，声称这将造成“道德危机”。由此，日本不得不放弃该倡议。

在“亚洲货币基金”倡议失败一年后，日本政府仍然没有放弃领导维持地区金融稳定的想法。1998年1月，日本做出内阁决议“稳定东南亚经济的应急措施”，4月制定“全面经济措施”，10月大藏大臣宫泽喜一提出了“新宫泽构想”。③ 日本政府提出含有300亿美元的双边援助计

① Hayashi Shigeko, *Japan and East Asian Monetary Regionalism: Towards a Proactive Leadership Role?*, Routledge, 2006, p. 86.

② Katada Saori N., "Japan and Asian Monetary Regionalisation: Cultivating a New Regional Leadership after the Asian Financial Crisis", *Geopolitics*, Vol. 7, No. 1, 2002, p. 86.

③ 张蕴岭：《日本的亚太与东亚区域经济战略解析》，《日本学刊》，2017年第3期，第4页。

划，作为一种资金支持而非替代国际货币基金组织的金融机制。[①]“新宫泽构想”被美国接受也在一定程度上恢复了日本的领导地位。日本很谨慎地在区域主义中加入“反美”的因素。“新宫泽构想”实际上在一定程度上达成了“亚洲货币基金”倡议建立亚洲金融机制的目的。而且“新宫泽构想”提供的资金数量和“亚洲货币基金”倡议相比更小。[②]这两个倡议都在建立一个更加纯粹“亚洲”而非“亚太”的地区制度。这些倡议都展现了日本远离“美国中心”经济外交政策以主导东亚金融合作，这也在一定程度上挑战了美国在东亚的金融霸权。[③]

第二节 “10＋3”区域合作框架下塑造领导角色

在金融危机发生后，东亚开启了以“10＋3”领导人会议为核心的区域制度合作。日本在1997年和1998年对于这一机制的态度并不是十分积极，更像是一个协调者。

① 『新宮澤構想に基づく援助表明額』、https：//www. mof. go. jp/international_policy/financial_ cooperation _ in _ asia/asian _ currency _ crisis/new _ miyazawa _ initiative/1e041a. htm。（上网时间：2018年9月13日）

② Zhang Yun，“Multilateral Means for Bilateral Ends：Japan，Regionalism，and China－Japan－US Trilateral Dynamism”，*The Pacific Review*，Vol. 27，No. 1，2014，pp. 11－12.

③ Katada Saori N.，“Japan and Asian Monetary Regionalisation：Cultivating a New Regional Leadership after the Asian Financial Crisis”，*Geopolitics*，Vol. 7，No. 1，2002，pp. 93－95.

一方面，日本吸取“亚洲货币基金”倡议失败的教训，担心这个排除美国的地区合作机制会遭到美国的反对。另一方面，积极推动“10+3”领导人会议成了日本重塑其领导地位的战略选择。日本作为地区经济的“领头雁”在应对1997年金融危机时的表现并未满足亚洲国家的预期，而中国展现了负责任国家形象，因此日本需要在推动东亚区域合作机制形成中表现出色。

一、推动东亚制度合作，提高区域合作领导力

东亚国家之间日益加强的经济依赖让日本意识到推动区域制度合作的重要性。亚太经济合作组织的经济推动力在进入20世纪90年代日渐下降。出现经济增长奇迹的东亚则成为日本经济再增长的重点区域。日本将经济外交政策的重心转向亚洲，提出不包括美国的“亚洲货币基金”倡议和“新宫泽构想”，达成加强和东亚国家在金融领域合作的“清迈倡议”，建立新的金融合作机制减少对美国的依赖。

更为重要的是推动建立东亚区域合作使日本恢复其领导地位，以实现主导东亚制度合作的战略目标。日本在金融危机初期的消极态度和“亚洲货币基金”倡议的失败让其领导形象受损。因此，要想重塑日本的领导地位就需要在对东亚合作上表现出积极的姿态，并且主导东亚合作进程。

1997年1月，桥本龙太郎首相在出访东盟国家时提议建立日本和东盟领导人之间的对话。而东盟在1997年5月提出实现东盟和中国、日本、韩国共同进行非正式对话。1997年12月，首届东亚国家首脑非正式会晤在吉隆坡举行。由于当时柬埔寨未加入东盟，所以此次东盟加中日韩非正式首脑会议是“9+3”。到了第三次“东盟+3”才正式被称为“10+3”。到了1999年，日本开始积极参加“10+3”会议，以展现其在东南亚的经济主导地位。东盟国家也希望正在融入全球化和地区结构中的中国和日本能够支持“10+3”会议，为地区金融合作倡议和发展提供帮助。①

日本积极推动东亚区域合作，加强和域内国家的全面合作。1998年建立的“东亚展望小组”和2000年建立的“东亚研究小组”，是东亚制度合作开启初期两个重要的区域合作发展成果。为了推动东亚区域合作，时任韩国总统金大中提议设立“东亚展望小组”。“东亚展望小组”在2001年向各国领导人提交研究报告，建议以“10+3”为框架建立“东亚共同体”。1998年12月，小渊惠三首相发表题为《为亚洲创造美好未来》的演讲。在他的演讲中提到要实现“在东亚的区域合作”。和官方推动的亚太合作相比，这是日本领导人第一次提出东亚的区域合作，表

① Hund Markus, “ASEAN Plus Three: Towards a New Age of Pan - East Asian Regionalism? A Skeptic's Appraisal”, *The Pacific Review*, Vol. 16, No. 3, 2003, p. 398.

明日本重视东亚区域主义的趋向。[1] 小渊惠三首相宣布向东南亚国家提供50亿美元的3年无息贷款。日本对东亚合作逐渐不再局限于金融合作。小渊惠三首相在1999年宣布了"全面促进东亚人力资源发展和交流"计划。该计划旨在通过合作防止危机再次发生，为中长期经济稳定发展奠定基础。[2] 在日本—东盟会议中，小渊惠三首相表示会全力支持东盟的活动和东亚区域合作。在1999年日本的《外交蓝皮书》中并没有提到"10+3"，而是将其中的一节命名为"日本—东盟关系和东亚区域合作"。日本对加强日本—东盟关系的东亚区域合作比推动"10+3"领导人会议为框架的区域合作更有积极性。日本甚至拒绝了东盟提出的将领导人峰会常规化的意见。[3]

在1999年的《东亚合作联合声明》中，东亚各国表达了扩大和深化东亚合作，朝着取得实际成果，改善东亚人民生活质量和东亚稳定的方向而努力的意愿。[4] 2000年日本的《外交蓝皮书》中指出，要吸取危机中的经验，加强区域合作已成为东亚域内国家关心的重点，因此日本应

---

① Hayashi Shigeko, *Japan and East Asian Monetary Regionalism: Towards a Proactive Leadership Role?*, Routledge, 2006, p. 109.

② "Press Statement by Prime Minister Keizo Obuchi Manila, The Republic of The Philippines 28 November 1999", https://www.mofa.go.jp/region/asia-paci/asean/pmv9911/index.html.（上网时间：2018年7月12日）

③ Park Jinsoo, "Political Rivals and Regional Leaders: Dual Identities and Sino-Japanese Relations Within East Asian Cooperation", *Chinese Journal of International Politics*, Vol. 6, No. 1, 2013, p. 101.

④ "Joint Statement on East Asia Cooperation 28 November 1999", https://www.mofa.go.jp/region/asia-paci/asean/pmv9911/joint.html.（上网时间：2018年8月12日）

落实在1999年“10+3”共同宣言中的政策。在2000年的“10+3”会议中，森喜朗首相在“10+3”领导人峰会上提出“东亚三原则”：（1）在“10+3”框架内建立伙伴关系。（2）推动“10+3”框架作为一个开放的地区合作补充和加强全球体系。（3）把“10+3”框架从以经济为中心扩展到进行政治安全问题对话。① 在回答记者提问时，森喜朗首相表示“东亚三原则”是希望加强和东盟国家在“10+3”框架下的东亚区域合作。

二、扩大东亚峰会成员，稀释中国影响

日本主导东亚合作的战略路径面临权力结构变化的挑战。马哈蒂尔在提出“东亚经济集团”时，希望经济实力强大的日本能够发挥其东亚经济“领头雁”的作用，推动东亚一体化。在金融危机初期，东盟国家也同样希望日本作为东亚唯一的发达国家和重要的经济体参与并推动东亚区域制度合作。但是，日本主导的东亚经济合作在冷战后日益和现实发展相脱节。东亚产业分工结构的改变、日本经济发展的停滞、中国的崛起等因素打破了日本主导的“雁行模式”。② 这就削弱了日本主导“10+3”框架区域

① “Prime Minister Mori's Statement at the ASEAN + 3 Summit Meeting in Singapore”, https://www.mofa.go.jp/region/asia-paci/asean/conference/asean3/state0011.html.（上网时间：2018年8月12日）

② 江瑞平：《东亚合作与中日关系的互动：困局与对策》，《外交评论》，2014年第5期，第4页。

合作所需要的经济实力支撑。作为联合国承认的世界唯一"全产业链国家"经济体，中国迅速崛起成为东亚经济增长的重要引擎，改变了东亚的经济布局。中国的经济崛起也伴随着政治影响力的上升。中国先于日本同东盟达成《中国与东盟全面经济合作框架协议》和加入《东南亚友好合作条约》。日本经济衰退和中国快速崛起形成对比，撼动了日本东亚经济巨人和东亚合作领导者的身份。

日本想通过扩大东亚峰会的成员获得主导权力。由东亚国家政府官员构成的"东亚研究小组"在2002年提交了报告。该报告建议推动"10+3"领导人年度峰会为东亚峰会，并且将举办"东亚峰会"作为实现"东亚共同体"的中长期措施。对于由日本官员参与的"东亚研究小组"提出的报告，小泉纯一郎首相则表示推进报告的内容落实需要在相关部长会议上进行讨论。① 小泉纯一郎首相在2001年发表的题为《日本和东盟在东亚：真诚和开放的伙伴关系》演讲中表达了不同的"东亚共同体"建构路径。小泉纯一郎首相表示要通过建立以日本—东盟关系为基础的扩大版的东亚合作，创造"共同行动和前进的共同体"，② 将澳大利亚和新西兰纳入到区域经济合作框架之中。"东亚共同体"不是封闭的共同体，日本会继续加强

① "ASEAN + 3 Summit Meeting", https://www.mofa.go.jp/region/asia-paci/asean/conference/asean3/summary0211.html.（上网时间：2018年8月12日）

② "Speech by Prime Minister of Japan Junichiro Koizumi Japan and ASEAN in East Asia - A Sincere and Open Partnership", https://www.mofa.go.jp/region/asia-paci/pmv0201/speech.html.（上网时间：2018年8月12日）

同美国的同盟关系，加强和包括印度在内的东南亚国家的合作。

增加东亚合作更大的影响力的权力来自于决定东亚峰会的举办地点，提出和引领问题讨论，遵从或者拒绝倡议，决定成员的范围以及成员权利和责任的分配。① 日本在自己经济实力下降而中国实力上升的情况下，要想获得更多的领导权就需要让自己关于东亚峰会的构想获得别国的认可。

为了纪念日本和东盟建立关系30周年，日本在2003年主动邀请东盟领导人在东京召开日本—东盟领导人特别会议，同东盟签署《东京宣言》和“共同行动计划”，强调以日本—东盟为主体建设“东亚共同体”，将双方的关系升级为“日本—东盟全面经济伙伴关系”，开展日本和东盟的全面经济合作框架协议谈判。这对于日本来说是获得主导区域合作机制权力标志性的安排。2005年10月，日本发表了《我国关于构筑“东亚共同体”的看法》。这份立场文件强调日本坚持开放的区域主义原则，将东亚合作成员国扩大到澳大利亚、新西兰、印度并且还要包括美国，推动功能性合作，遵守自由、民主和人权等“普遍价值观”。② 基于这样的立场，日本力邀澳大利亚、新西兰和印度成为东亚峰会成员。日本迎合美国减弱东亚合作“向

① Terada Takashi, “Forming an East Asian Community: A Site for Japan - China Power Struggles”, *Japanese Studies*, Vol. 26, No. 1, 2006, p. 7.

② 日本外务省：《我国关于构筑“东亚共同体”的看法》，https://www.mofa.go.jp/mofaj/area/eas/pdfs/eas_02.pdf。（上网时间：2018年8月12日）

心力”的想法，甚至计划邀请美国加入。[1] 2005年，日本外相町村信孝称“东亚共同体”应该是开放的共同体，欢迎印度和澳大利亚的加入，提议美国成为东亚峰会的观察员国。[2] 此后，日本在诸多国际会议中也都维持着建构开放的“东亚共同体”的立场。有外务省官员认为，在发展中国家组成的东亚合作框架中，日本可能因为发达国家的身份被隔离，而中国可能被视为区域代表。外务省的官员相信日本的倡议可能会因为反映发达国家的构想而被其他东亚国家拒绝。[3] 所以，日本要邀请澳大利亚和新西兰这样的发达国家成为其助力。猪口孝认为由外务省提出的推动“10+6”合作框架是以稀释中国为目的的“泛东亚”合作。[4]

三、重塑东亚经济领导地位的经济伙伴协定战略

日本在二战结束之后践行“轻武装、重经济”的战略路线，将发展全球贸易获取经济繁荣作为重要的战略目标，支

① 对日本人来说，小泉纯一郎是利用“东亚共同体”加强和美国的关系；而美国则是想要削弱东亚合作的“向心力”，加强“离心力”；鸠山由纪夫的“东亚共同体”才是合作性的。在日本东京对日本青山学院羽场久美子教授的访谈，2018年10月23日。

② Fukushima Akiko, “Japan's Perspective on Asian Regionalism”, *Asia's New Multilateralism: Cooperation, Competition and the Search for Community*, Columbia University Press, 2009, p. 107.

③ Terada Takashi, “The Origins of ASEAN + 6 and Japan's Initiatives: China's Rise and the Agent – Structure Analysis”, *The Pacific Review*, Vol. 23, No. 1, 2010, p. 80.

④ Inoguchi Takashi, “Japanese Ideas of Asian Regionalism”, *Japanese Journal of Political Science*, Vol. 12, No. 2, 2011, p. 243.

持世界多边贸易体制。日本认为区域经济集团和贸易壁垒是对自由贸易体制的挑战，因而一直在国际上对此持有反对态度，极力主张对多边贸易体制的推广和稳固。

在冷战时期，日本在政治上将自己视作西方阵营的一员，在经济上以维护自由贸易原则应对美国的关税惩罚和欧洲关税壁垒。[①] 在对待美国竖起关税壁垒的问题上，彼时的外务省和大藏省有两种不同的取向。大藏省从国际经济的角度出发，认同美国所扮演的角色，认为美国在国债和政治担保上起到了重要作用。因而对美国较为“客气”。而外务省则从政治角度认识这一问题，认为保护主义是对自由主义的逆行，排他的地区主义对世界贸易的扩大和世界经济的繁荣有害，美日两国有打破欧洲贸易壁垒的共同利益。从这一点出发，日本希望美国考虑对日的最惠国无差别待遇。[②] 外务省认为获得经济繁荣十分重要，希望西方“自由世界”各国能够从日本是亚洲先进工业国的立场，来看待日本和亚洲国家的经贸和援助关系。外务省认为欧洲共同体的贸易封闭倾向不利于自由贸易体系，而且日本和其他国家的自由贸

---

① 日本外务省史料馆公布的《日美贸易经济合同委员会关系》系列文件第一回到第九回显示，日本一直维持着支持多边贸易体制的立场。日本在同美国谈判时，强调美国是自由贸易的倡导者和领导者不应该对日本实行关税惩罚。对于欧洲的贸易壁垒，日本也希望美国能够发挥自由贸易主导者的作用，甚至希望联合美国打开欧洲的贸易壁垒。从大量的内部文件来看，日本在冷战期间希望借助自由贸易原则约束美国对日本的贸易不利行为，营造有利的国际环境。

② 日本外务省史料馆：《日美贸易经济合同委员会关系第四回委员会本会议各大臣发言》，档案号：E’·2·3·1·17－6－5－2。

易也可以让日本国民减少对美国依赖的印象。[①]

尽管美日同盟和西方阵营对日本的安全和政治至关重要，但是满足自由贸易的需求也同样具有战略重要性。随着世界贸易组织框架下的多哈谈判进程陷入停滞不前，20世纪90年代后双边自由贸易协定在世界范围内迅速兴起，日本开始改变对区域经济集团和双边自由贸易协定的态度。在是否推进区域自由贸易协定的问题上，外务省和经产省也再一次展开了博弈。它们都希望自己的观点能够得到首相的认可，进而在决策中占据更重要的地位。经产省从经济利益的角度出发，认为亚太区域合作陷入艰难前行的状态。东亚金融危机的爆发让经产省真正意识到东亚区域经济一体化的重要性。经产省认为日本需要改变其原有的对外经济政策，开始尝试探讨签订双边自由贸易协定的可能。而外务省则认为这将会改变日本长久以来对亚太区域主义的认识，双边自由贸易协定可能会破坏亚太区域主义。直到1999年两个部门才同意围绕区域自由贸易协定展开可行性研究。[②]

中国崛起带来东亚的权力结构变化，成为了日本缔造经济伙伴协定战略的重要背景。日本首先和新加坡签订自由贸易协定，防止中国在经济和战略上替代日本在东南亚的地

① 日本外务省史料馆：《日美贸易经济合同委员会关系第二回委员会本会议(1962.12)》，档案号：E'·2·3·1·17-2-3，《关于亚洲情势及其他问题》。

② Krauss Ellis, "The US, Japan, and Trade Liberalization: From Bilateralism to Regional Multilateralism to Regionalism", *The Pacific Review*, Vol. 16, No. 3, 2003, pp. 307-329.

位。1999年，日本开始和新加坡探讨签订经济伙伴协定。2000年中国提出和东盟构建自由贸易区，并在2002年最终签订了综合经济合作框架。这给日本带来很大的震动，在中国和东盟达成综合经济合作框架后，日本也开始和东盟展开区域经济框架谈判。2002年11月，日本和新加坡正式签订《日本—新加坡经济伙伴关系协定》。这是日本在东亚的第一个经济伙伴协定。同年，外务省发表了题为《日本的自由贸易协定战略》的政策报告，阐明了自由贸易协定和经济伙伴协定在日本经济和外交方面的战略意义。“政治和外交方面相互依赖性不断加深。但是与欧洲和美洲相比，东亚的区域发展相对缓慢。建构以日本为主导的区域经济体系，对日本和东亚地区的稳定发展至关重要。”① 2004年《关于今后推进经济伙伴关系协定的基本方针》则进一步完善了日本的经济伙伴协定战略。其中指出“经济伙伴协定在‘东亚共同体’等政治、经济、外交战略上，有助于营造对我国有利的国际环境”。在开展双边经济谈判的过程中，日本倾向于经济伙伴协定战略。经济伙伴协定是一种比自由贸易协定更为宽泛的经济一体化协定。签署经济伙伴协定可以发挥日本在服务贸易、投资、资本市场等领域的优势。

2005年东盟和日本达成了综合经济合作框架。2006年日本经产省提出了《全球化经济战略》报告，推进“10+6”成员的“东亚经济伙伴协定”和建立“东盟和

① 日本外务省：《日本的FTA战略》，https：//www. mofa. go. jp/mofaj/gaiko/fta/policy. html。（上网时间：2018年8月23日）

东亚经济研究所”。[①] 相对于2002年“东亚研究小组”提出的“东亚自由贸易区”，即中国支持的“10+3”模式，日本更加倾向于支持“东亚全面经济伙伴协定”的“10+6”模式。“东盟和东亚经济研究所”则在报告中被作为建立一个“东亚的经济合作与发展组织”提出。“东亚经济伙伴协定”以“10+6”为框架的区域经济合作也在之后被东盟所接受，成为东盟主导的《区域全面经济伙伴关系协定》的模版。

在构筑东亚多个双边自由贸易协定的进程中，经产省和外务省是两个具有不同取向的部门。如同冷战时期这两个部门在对美国经济谈判中呈现出不同的态度，在东亚合作上两个部门也呈现出了不同的政策取向。经产省主导的倡议倾向于区域内的双边经济伙伴建构东亚统一市场。在2002年经产省提出支持“10+3”框架的“东亚自由商业区倡议”，为日本企业在东亚建构一个系统性的合作框架关系，促进贸易，降低成本。[②] 在2004年10月的“10+3”领导人会议上，温家宝总理提出研究东亚自由贸易区的可行性建议，表明中国积极推动“10+3”自由贸易协定的政策。对此，日本倍感压力。因为，如果日本继续倡导东亚自由贸易协定，有步中国后尘的感觉。[③] 2006年提

① 日本经产省：《全球化经济战略》，http://www.meti.go.jp/shingikai/sankoshin/sokai/pdf/006_05_02.pdf。（上网时间：2018年8月24日）

② Terada Takashi, “The Origins of ASEAN+6 and Japan's Initiatives: China's Rise and the Agent-Structure Analysis”, *The Pacific Review*, Vol. 23, No. 1, 2010, p. 79.

③ 周永生：《21世纪初日本对外区域经济合作战略》，《世界经济与政治》，2008年第4期，第70页。

出的“东亚经济伙伴协定”反映了日本想要主导泛东亚区域经济发展的战略意图。经产省并未像外务省那种强调区域经济一体化中的政治竞争。经产省认为，通过确立经济合作中的规则和议程，能塑造有利于日本的区域经济合作，从而在“10+6”合作框架内寻求自身的经济主导地位。不同于经产省注重经济收益层面的考虑，外务省提出的政策主张体现了日本希望在泛东亚合作框架中塑造对自己有利的环境，让自己的倡议更容易被接受。虽然两个部门有不同的取向，但是首相所决定的总体外交政策取向决定两个部门的政策最终都走向扩大东亚合作成员范围和主导东亚的方向。从现实政治来看，经产省和外务省都想要塑造对日本有利的国际环境从而让本国的倡议被其他国家接受。而这也最终让两个有不同取向的部门走向了相同的泛东亚政策方向。

四、“东亚共同体”建设中的主导性追求

1997年经济危机后，中国、日本、韩国和东盟国家领导人决心推动东亚合作。在第三次领导人峰会上正式确定了东盟十国加东北亚三国的东亚合作框架，为建构“东亚共同体”搭建了框架。随着东亚合作的推进，1998年东亚地区领导人支持韩国总统金大中的提议，设立由退休高级外交官和知名学者组成的“东亚展望小组”，为“东亚共同体”的建设提供智力支撑。2001年10月，“东亚展望

小组”完成了题为《走向“东亚共同体”：和平、繁荣与进步的区域》的研究报告。该报告明确指出，要建立一个良性的区域共同体，塑造“东亚共同体”的身份认同。在该份报告正式提交后，2005年“10+3”领导人会议通过联合声明确定了将“10+3”机制作为实现建立“东亚共同体”长远目标的主要渠道，东盟在其中发挥主导作用。在2007年“10+3”领导人会议成立十周年之际，领导人们重申“10+3”是建构“东亚共同体”这一长远目标的主要渠道。到了2012年“10+3”领导人会议上，领导人们再次确认了“10+3”机制作为实现“东亚共同体”的主要渠道。

在建构“东亚共同体”的过程中，日本看到东亚合作面临的重大机遇而积极参与其中，而中国的迅速发展则让日本更加迫切要求参与并主导东亚合作的进程。[①] 2002年小泉纯一郎首相访问东南亚国家时发表《日本和东盟在东亚：真诚和开放的伙伴关系》的演讲，表示通过建立以日本—东盟关系为基础，包括澳大利亚、新西兰和印度的东亚合作，创造“共同行动和前进的共同体”。[②] 小泉纯一郎首相虽然表达了建立“东亚共同体”的愿望，但是该共同体却不同于“东亚研究小组”所提交的报告中构想的“东

① 孙承：《十年来日本对外经济战略的选择——从东亚共同体到两个贸易协定》，《日本学刊》，2012年第5期，第99—100页。

② “Speech by Prime Minister of Japan Junichiro Koizumi Japan and ASEAN in East Asia - A Sincere and Open Partnership”, https: //www. mofa. go. jp/region/asia - paci/pmv0201/speech. html.（上网时间：2018年8月12日）

亚共同体”。小泉纯一郎首相所谓的“东亚共同体”要在巩固“10＋3”框架内的地区合作促进地区发展和稳定的同时，将澳大利亚、新西兰和印度纳入到区域经济合作框架之中。日本在2002年11月对外政策特别小组的报告中认为中日两国是“协调和共存”“竞争和摩擦”相互交织的关系，对中国的关系是日本21世纪初期重要的外交政策课题。① 在“东亚共同体评议会”的报告中则是对中国抱以警惕，将中国放在竞争对手的位置。实际上，小泉纯一郎政府将美日关系放在首位，将建设“东亚共同体”放在次要位置。这也就让日本在建设“东亚共同体”的进程中，将权力政治的计算放在首要位置，对中国的崛起抱以警惕。

2005年8月，“东亚共同体评议会”发布题为《“东亚共同体”构想的现状、背景和日本的国家战略》的政策建议报告。② 该报告认为日本应该抓住建设“东亚共同体”的潮流，主导东亚合作进程，把“东亚共同体”建设成为日本国家战略的良性组成部分，将自由、民主、人权等普遍价值和美日同盟作为基础，实现东亚的和平、繁荣和进步。2005年10月，日本发表《我国关于构筑“东亚共同体”的看法》的立场文件，和“东亚共同体评议会”的报告一致，表明日本在推进“东亚共同体”

---

① 日本首相官邸：《21世纪日本外交的基本战略——新时代、新远景、新外交》，https：//www. kantei. go. jp/jp/kakugikettei/2002/1128tf. html。（上网时间：2018年8月5日）

② “东亚共同体”评议会：《“东亚共同体”构想的现状、背景和日本的国家战略》，http：//www. ceac. jp/j/pdf/policy_report. pdf。（上网时间：2018年8月5日）

建设中坚持开放主义，不排除邀请域外国家等态度。日本力推东亚合作成员的扩大，坚持将印度、澳大利亚和新西兰吸收为东亚峰会的成员。

鸠山由纪夫在2009年上台后，继承了部分小泉纯一郎对“东亚共同体”的构想，但是路径却不同。鸠山由纪夫首相在《我的政治哲学》中就主张以友爱的思想建立“东亚共同体”，称亚洲是日本基本的生存空间，根据“开放的区域合作”原则建立“东亚共同体”，像欧洲那样达成日本和亚洲之间的和解，建立“东亚共同体”。[①]

鸠山由纪夫在联合国发表演说时声称，新政府重视亚洲外交，“东亚共同体”是日本的外交支柱之一。[②] 鸠山由纪夫的“东亚共同体”构想，是进一步向亚洲回归基础上推进的区域合作建设。[③] 在他看来，东亚各国应该像欧洲那样建立真正值得信任的关系，需要和中国合作共同推进“‘东亚共同体’建设”。这就和小泉纯一郎政府所强调的“普世价值观”孤立中国，以及之后的安倍晋三政府提出的“价值观外交”，强调价值观因素，以“自由与繁荣之弧”建立对中国的“包围圈”截然不同。鸠山由纪夫首相强调，日本不能忘记自己是亚洲国家，必须把东亚作为生存的基本空间，不断努力营造本地区稳定的经济合作与安

① ［日］鸠山由纪夫：《我的政治哲学》，http：//d. hatena. ne. jp/boogierock/20090902/1251862202。（上网时间：2018年8月5日）

② 日本首相官邸：《鸠山首相政策演讲》，http：//www. kantei. go. jp/jp/hatoyama/statement/200911/15singapore. html。（上网时间：2018年8月5日）

③ 刘昌黎：《“鸠山构想”与中日共同推进东亚共同体》，《日本学刊》，2010年第1期，第38页。

全保障框架。可以认为，鸠山由纪夫的“东亚共同体”构想的政策倾向就是要加强同中国的关系，从而推动以利日本未来的发展。[1]

第三节　东亚的战略空间意义

日本对东亚的战略和行为表现出了一以贯之的主导取向。在主导东亚的战略路径作用下，日本根据外部战略环境调整自己的战略。从武力征服东亚的“大东亚共荣圈”到经济主导东亚的“雁行模式”，再到引领东亚区域制度合作，战略决策的性质和战略行为的方式随着主导方式的变化而调整。

出于对经济发展的追求，日本自然而然地将东南亚作为国家贸易、外交和安全政策的重点。简单地说，资源贫乏的日本需要在20世纪60年代到70年代间寻求经济的增长。东南亚成为了日本出口制造业和投资的重要地区。[2]在20世纪70年代，日本对东盟的一个基本贸易立场是推动东盟国家的经济增长，并且尽力帮助东盟营造一个自由竞争的市场，提升东盟国家的产品竞争力。由此日本可以同东盟国家建立友善的关系，日本的企业和商品就可以进

① 刘江永：《鸠山的“东亚共同体”设想与东亚合作前景》，《国际观察》，2010年第2期，第14页。

② Storey Ian, “Japan's Maritime Security Interests in Southeast Asia and the South China Sea Dispute”, *Political Science*, Vol. 65, No. 2, 2013, p. 138.

入东盟国家市场内部。在经产省看来，这就让日本更加积极地通过加强和东亚国家的经济关系来缓解和美国的贸易摩擦。①

日本将领导东亚合作进程作为对美谋求自主的战略选择。在处理1997年金融危机问题上，美国认为日本没有扮演好其亚洲经济引领者的角色，拒绝了日本提出的“亚洲货币基金”倡议。这让日本认为搭美国的便车代价是牺牲其外交自主，并且会伤害日本在亚洲的领导地位。② 为了改变这一点，日本就要抓住东亚制度合作的机会展示领导者形象，通过加强和亚洲国家之间的关系减少对美国的依赖，进而获得更多的战略自主。所以日本要推动东亚一体化和区域制度合作，建立一个没有美国的东亚合作框架，提升日本的对美自主。在金融危机后，东盟国家也希望日本作为区域内发达经济体能够扮演关键角色，推动区域一体化进程。同时，推动东亚合作也会让日本加强和韩国、印度、澳大利亚的关系。日本通过推动东亚合作的多边机制，构建多元化合作伙伴，摆脱美国的约束。

日本通过领导东亚的经济发展来保障日本的经济安全。③ 随着东亚经济结构的变化，日本经产省在2001年的

---

① Krauss Ellis, “The US, Japan, and Trade Liberalization: from Bilateralism to Regional Multilateralism to Regionalism”, *The Pacific Review*, Vol. 16, No. 3, 2003, p. 312.

② Johnstone Christopher, “Strained Alliance: US – Japan Diplomacy in the Asian Financial Crisis”, *Survival*, Vol. 41, No. 2, 1999, pp. 121 – 138.

③ Heginbotham Eric, Richard J. Samuels, “Mercantile Realism and Japanese Foreign Policy”, *International Security*, Vol. 22, No. 4, 1998, p. 174.

《通商白皮书》中称“雁行模式”时代已经结束，代之而起的是“以东亚为舞台的大竞争时代”。[①] 日本认识到自己正在丧失主导东亚合作的物质基础。随着中国的崛起，东亚合作从日本引领的“雁行模式”转变为“平轴模式”。[②] 为了重夺主导地位并防止被边缘化，日本选择同中国进行竞争，借助美国在东亚力量平衡中国，建立以“日本—东盟”为中心的“东亚共同体”。日本将自己定位为亚洲的先进国家，强调自己不同于“其他亚洲国家”，和西方有所谓的“共有价值观”。[③]

---

① 包霞琴：《东亚合作与中日关系》，《日本研究》，2005 年第 2 期，第 46 页。

② 所谓“平轴模式”，指一个区域中的国际关系行为体在地缘中心作用下形成一种内在互动循环体制，组成一个区域性的地缘板块，在纸上可以建成一种区域共同体。作为一种经济发展模式，指各经济体进行多维的平衡和垂直交叉产业分工，促进融合，从而实现区域内经济一体化。详见：苏浩：《东亚整合的艰难之路：“平轴”—“胡桃”—“双核”模式的建构》，世界知识出版社 2018 年版，第 176 页。

③ Wirth Christian, “Securing Japan in the ‘West’: The US – Japan Alliance and Identity Politics in the Asian Century”, *Geopolitics*, Vol. 20, No. 2, 2015, pp. 287 – 307.

第四章　塑造海洋东亚：重构战略领导地位

随着中国在东亚合作框架内影响力上升，日本越发难以将中国纳入到其主导的经济结构之中，甚至在某些方面还要依赖于中国。而美国也不愿意看到日本主导东亚发展威胁到美国在东亚的地位。由此，大陆战略取向开始走入困境，海洋战略取向开始占据主导地位进而影响日本的东亚合作战略行为。

第一节　大陆战略面临的挑战

中等国家的实力和对美依赖限制了日本主导东亚大陆的发展。一方面，中国的强势崛起让中国从日本的战略支持力量变为了战略竞争对手。另一方面，日本依赖美国同中国展开竞争受到了美国的限制。因为一个由日本主导的东亚意味着美国对日本更加依赖，或者会减弱美国在东亚的影响力。

一、难以抗衡中国影响力的上升

随着中国在东亚合作框架内影响力上升，日本对中国的认知发生变化，将中国视为战略竞争对手。在20世纪80年代，日本成为东亚地区的发达经济体，是中国重要的投资者和贸易对象。伴随着中日关系正常化和中国改革开放，日本对中国进行大量投资，将中国纳入到其东亚区域经济框架之中。日本对帮助中国实现现代化和推动中日关系抱以积极态度。这样的认知从1983年外务省的内部报告中也可以看出。日本认为帮助中国实现“四个现代化”，推动中国的稳定发展可以实现亚洲和世界和平、安定与繁荣。日本应该确立在各方面帮助中国发展的方针。[①]

但是，这种认知随着日本经济增长迟滞和中国的崛起发生了改变。20世纪90年代以来，日本经济因泡沫破灭陷入长期萧条状态。日本在东亚经济增长的“领头雁”作用逐渐下降。而中国则依靠巨大的市场迅速崛起，改变了东亚的经济布局。到了2010年，中国的GDP首次超过日本，改变了两国长久以来的实力对比。日本在内心上难以接受中国的崛

① 日本外务省史料馆：《日中阁僚会议》，档案号：SA’・1・2・2・2014－1692，《第三回日中阁僚会议——大臣归国后给首相的报告》，1983年9月6日。

起，认识到平衡中国的急迫性。[①] 从 2010 年“撞船”事件开始，到 2012 年 8 月日本政府“收购”钓鱼岛，中日关系跌到了“谷底”。日本的“购岛”闹剧破坏了中日共同推动东亚合作的政治基础。[②] 有日本学者认为，面对权力转移的客观现实，日本开始重新评估两国关系，东亚合作在日本外交中的地位和作用开始下降。[③]

此外，为了改变不利的政治地位，日本在 2004 年希望借着其同德国、巴西、印度组成的“四国联盟”成为联合国常任理事国。但是小泉纯一郎执政时期参拜“靖国神社”，以及其他问题激发了亚洲国家的反日情绪，令亚洲国家反对日本“入常”。日本认为，如果中日两国都是联合国安理会常任理事国便能够平等地建构“东亚共同体”。[④]

二、对美依赖掣肘主导路径

1957 年 9 月，日本外务省蓝皮书提出其外交的三大支柱，即“以联合国中心”“自由世界合作”“亚洲的一

① 关于中日权力转移对两国关系的影响的研究详见：朱锋：《日本为什么对中国这么强硬》，《现代国际关系》，2006 年第 4 期，第 34—36 页；吴澄秋：《东亚结构变迁与中日关系：权力转移理论视角》，《当代亚太》，2009 年第 1 期，第 68—90 页。日本在冷战时期曾经是经济大国，但是中国的迅速崛起和日本经济的停滞让日本人内心有种难以明说的感受。在日本东京对曾任驻华公使的资深外交官的访谈，2018 年 2 月 20 日。

② 在日本东京对曾任三国合作事务局局长岩谷滋雄的访谈，2018 年 2 月 16 日。

③ 对日本庆应大学神保谦教授的访谈，2017 年 5 月 11 日，佳能全球战略研究所。

④ 对日本国际问题研究所研究顾问高木诚一郎的访谈，2017 年 7 月 14 日，日本东京学士会馆。

员”。从日本的外交实践来看，二战后日本外交的三大支柱的另一种表述方式是联合国外交、美日同盟和对亚洲的外交。其中美日同盟可以说是三大支柱的核心。日本过于依赖美日同盟让日本的“联合国中心外交”和“亚洲外交”两大支柱有时显得不具有连贯性，而且效率低下。[①] 猪口孝因而将日本的外交称为“卡拉 OK 外交”。[②] 换而言之，美国决定了日本外交的“背景音乐”和“歌词”，而日本的外交官就只能决定穿着和唱歌。因为过于重视美日关系或者受到美国的限制，日本的外交有的时候看起来缺乏战略。[③] 对此，有学者总结到，日本过于依赖美日同盟导致日本的外交实际上是“刺激—反应”式的。[④]

日本希望依附美国霸权让其以经济手段主导东亚的发展，但这一愿望受到美国的限制。马哈蒂尔在 1990 年提出建立“东亚经济集团”，希望日本能够发挥领导作用推动东亚一体化，但是美国不希望看到在东亚出现一个排除美国的区域集团，于是对日本施加压力。[⑤] 最终，日本在美国的压力下放弃了建立“亚洲版的北美自由贸易区”的

① Hosoya Yuichi, “Japan's Two Strategies for East Asia: The Evolution of Japan's Diplomatic Strategy”, *Asia - Pacific Review*, Vol. 20, No. 2, 2013, pp. 146 - 156.

② Inoguchi T., Jain P. (ed.), *Japanese Foreign Policy Today*, Palgrave.

③ Okazaki Hisahiko, *A Grand Strategy for Japanese Defense*, America University Press, 1986, pp. 75 - 76.

④ Calder Kent E., “Japanese Foreign Economic Policy Formation: Explaining the Reactive State”, *World Politics*, Vol. 40, No. 4, 1988, pp. 517 - 541.

⑤ 日本外务省史料馆：《APEC 阁僚会议（第三回）》，档案号：SB'·19·3·9·2008 - 0129。

诱惑。[①] 在金融危机后，日本避开国际货币基金组织为域内国家提供金融援助的“亚洲货币基金”倡议也被美国否决。这两个倡议都在建构一个排除美国的地区合作框架，而这显然不是美国想看到的。在美日同盟体系下，日本的亚洲外交受美国亚太政策的制约。美国把日本视作推行亚洲战略的支柱，又顾虑日本与亚洲国家的联合会削弱美国在亚洲的地位和影响力。[②]

经济一体化、文化身份、共同政治规范都在客观上让东亚形成一个各个国家相互深度依赖的共同体。而美国希望这个共同体并不排斥其在东亚的存在，至少不会形成一个反美的国际机制。在对 2005 年东亚峰会进行议程设定前，美国国务院就公开表示“东亚共同体”具有封闭性，强调一些亚洲价值和传统有反对西方的意味。[③] 所以美国需要东亚盟国支持自己在东亚的存在。有日本学者对此解读到：美国因为伊拉克战争而在国际上声誉受损，如果美国想要拖延东亚一体化进程的话，则可能激发东亚国家的反美情绪，从而加强和中国的关系。[④] 所以美国在东亚合作初期态度较为模糊，并没有马上反对以“10 + 3”为基础的

① Fukushima Akiko, *Asia's New Multilateralism: Cooperation, Competition and the Search for Community*, Columbia University Press, 2009, p. 107.

② 孙承：《日本的东亚共同体设想评析》，《国际问题研究》，2002 年第 5 期，第 44 页。

③ Sohn Yul, "Japan's New Regionalism: China Shock, Values, and the East Asian Community", *Asian Survey*, Vol. 50, No. 3, 2010, pp. 497 – 519.

④ Kurlantzick Joshua, " Pax Asia – Pacifica? East Asian Integration and Its Implications for the United States", *Washington Quarterly*, Vol. 30, No. 3, 2007, pp. 71 – 75.

东亚合作框架。考虑到美国的利益，日本在推动东亚制度化上较为谨慎，无法建构一个由日本领导、排除美国的“东亚共同体”。[①]

为了应对中国不断增强的地区影响力，日本将美国拉入区域多边框架中。这种做法反而让日本离主导东亚合作的目标越来越远，甚至要配合美国的战略而牺牲自己的战略自主。对日本来说，在东亚利用美国的存在应对中国的经济和政治影响十分重要，尤其是利用美日同盟为地区提供安全保障。[②] 2002 年小泉纯一郎首相在新加坡的演讲中所描绘的“东亚共同体”就表明日本要加强和美国的同盟关系，依靠美国的力量为东亚提供安全稳定。2011 年，奥巴马参加东亚峰会，将之作为其“重返亚洲”、应对中国的多边舞台。另外，随着东亚一体化的深入，美国的一些政府官员认为，“东亚自由贸易区”和《区域全面经济伙伴关系协定》正在建构一个没有美国参加的区域合作框架，威胁了美国在区域中的经济利益。而较为合适的解决方法就是推动“跨太平洋伙伴关系协定”。[③] 在奥巴马执政期间，“跨太平洋伙伴关系协定”成为了其“再平衡”战略的一部分。为了配合美国的亚太政策，日本将更多的精

---

① 在日本东京对笹川财团资深研究员渡部恒雄的访谈，2018 年 5 月 10 日。

② Hughes Christopher W.，“Japan's Response to China's Rise：Regional Engagement, Global Containment, Dangers of Collision”, *International Affairs*, Vol. 85, No. 4, 2009, p. 844.

③ Oba Mie, “TPP, RCEP, and FTAAP：Mulitlayered Regional Economic Integration and International Relations”, *Asia - Pacific Review*, Vol. 23, No. 1, 2016, pp. 102 - 103.

力放在“跨太平洋伙伴关系协定”的谈判之中，而“区域全面经济伙伴关系”则缓慢前行。

第二节　塑造海洋东亚和大陆东亚的对抗结构

日本越发难以限制中国在东亚合作中的影响力。海洋战略取向的影响开始上升。日本开始借助来自海洋的力量，如通过“积极和平主义”外交，以“俯瞰地球仪”为视角，依托美国的海洋同盟，联合西太平洋国家和印度的海洋力量建构海洋东亚对抗大陆东亚的结构。在这样的对抗结构中，日本欲担任战略领导角色，重构其在东亚区域的战略领导地位。

一、塑造海洋东亚的意图

首先，大陆战略取向陷入困境，让海洋战略取向开始占据主导地位。长期以来，走向大陆的取向在日本的战略选择中占据主导地位。德川幕府末期，“海外雄飞论”为日本设想了向北攻打东北亚，南下进攻东南亚的场景。在日本侵占东亚大陆的过程中，海洋战略取向只是在很短的时间里让日本和英国结盟，对抗俄国的威胁。在日英同盟结束后，日本也基本完成了对东北亚的占领，开始南下染指东南亚和南太平洋地区，并且着手构建“大东亚共荣圈”。二战结束后，日本在恢复了经济能力和先进的工业体系后，开始向东南亚经济扩张并逐渐掌控东亚经济发展，在中国改革开放后将中国也纳入到“雁行模式”中。冷战结束后，东亚开启制度化合作，日本有了将主导东亚经济发展转化为主导东亚制度合作的机会。但是中国不断崛起的经济实力和上升的政治影响力让日本主导东亚遭遇挑战。对此，日本依赖美国为其提供战略支撑，联合海洋国家塑造对抗大陆东亚的海洋战略取向开始占据主导位置。其战略方向逐渐从主导东亚大陆转向联合海洋力量，从竞争主导东亚大陆到协同美国主导的海洋联盟塑造海洋东亚。

其次，日本民众对国际事务认知发生变化。从外务省内部的讨论资料来看，日本民众在二战结束后数十年内对战争有沉重的心理阴影，并不希望增加防卫预算参与国际事务。因此，更多地参与到国际事务中和扩大日本支持美国的军事能力难以获得国内的支持。① 对于美国希望日本能够在安全保障上扮演更加积极角色的要求，日本则一直坚持尽量用金钱解决问题，维持“轻武装”的立场。冷战期间，在日本和美国的高级会谈中，日本通常的表述是：日本本身受到宪法的制约不能增强军备和支援资

① 日本外务省史料馆：《本国对外政策调查研究关系（杂集 议事录第一卷）》，档案号：A'·1·1·0·1－14－1，《安全保障问题研究会记录》，1965 年 3 月 17 日，第 5 页。

金额度。[①] 但是，这样的外交认知在1990年的海湾战争后有了越发明显的改变。在海湾战争中，日本是否派遣自卫队参与行动成为日本国内舆论关注的问题之一。日本民众大多反对对外派遣自卫队，所以日本政府在派遣自卫队的问题上反应较为被动。日本政府此举遭到国际社会的批评，认为日本作为世界重要经济体却不愿意在维护世界和平上投入更多。这让日本认识到，仅仅是提供资金援助的传统做法是难以营造良好的国际环境的。面对日本民众对外交事务新的认识，日本认为需要有新的外交行动缓解国内的民族主义情绪。有外务省官员认为，相比于战前的军国主义和反西方的亚洲主义，在外交中宣扬自由和民主这样的“普世价值”可能更好地压制极端民族主义的声音。[②] 这也就促成了日本联合所谓的有“共有价值观”的国家。

最后，日本有加强美日关系和以所谓“共有价值观”配合美国的战略传统。塑造海洋东亚虽然是在不断变化的国际环境下的战略选择，但是其并非没有历史根源。毫无疑问，美国对日本的改造影响深远，依靠美国主导的海洋同盟获取安全和繁荣是日本长久以来的战略选项之一。在1965年的外务省内部讨论中，一项调查称有41%的受访

① 日本外务省史料馆：《日美要员会谈》，档案号：SA’·1·2·2·2014－4987，《福田首相、卡特总统会谈概要》，1977年3月29日，第8页。

② Hosoya Yuichi, “The Rise and Fall of Japan’s Grand Strategy: The ‘Arc of Freedom and Prosperity’ and the Future Asian Order”, *Asia－Pacific Review*, Vol. 18, No. 1, 2011, p. 16.

者表示“日本的生活质量高于苏联”，40%的受访者表示“日本属于自由主义阵营”，和平主义和经济恢复给日本民众带来了亲美的感情，这样的国内环境就要求日本的外交政策继续坚持美日同盟，坚持以自由主义和民主主义参与到国际活动中。[①] 有外务省史料指出，日本的经济外交是要实现其在亚洲的利益，这就需要日本以自由主义和民主主义的国家身份而不是曾经的侵略者身份和亚洲国家之间进行合作，这样日本就能够获得美国的支持和改变亚洲国家对日本的认识。[②]

这样的战略传统对领导人的影响也可以从安倍晋三政府的外交政策中看出。安倍晋三第二届任期的外交政策沿袭了他2006年的“外交宣言”，将“普世价值”、法治和自由航行放在首位。这种战略惯性同样能够从安倍晋三的外祖父岸信介和其父亲安倍晋太郎身上寻得踪影。外务省在1957年梳理岸信介首相的外交理念和构想的文件中，认为他的基本外交理念强调“作为自由主义国家的一员通过联合国推动世界和平”，“强调这一点的意思就是要加强和美国的关系”，“日本和美国的合作是我国外交的基调”，“其次我国外交的基调是改善和加强

① 日本外务省史料馆：《本国对外政策调查研究关系（杂集 议事录第二卷）》，档案号：A'·1·1·0·1－14－1，《安全保障问题研究会记录》，1965年10月27日，第1—40页。

② 日本外务省史料馆：《本国对外政策调查研究关系（杂集 议事录第二卷）》，档案号：A'·1·1·0·1－14－1，《安全保障问题研究会记录》，1965年12月22日，第1—36页。

同亚洲国家的关系"。[1] 尽管这是外务省在岸信介担任首相三个月后整理的外交理念，但这也基本上概括了岸信介政府三年里强调日美有特殊关系，并努力缓和与亚洲国家关系的外交行为。1984 年 9 月 29 日，时任外相安倍晋太郎在美国加利福尼亚发表演讲。在他的演讲中提出，在回答日本在世界中的角色时，日本的外交有五个不同的身份：（1）日本是工业民主国家，标榜民主为最高价值观。这是塑造日本外交的重要因素。（2）日本是亚洲国家。亚洲在日本外交中有特殊地位。（3）日本不会成为军事大国。（4）日本是在短时间内完成现代化的国家。（5）日本是经济大国。他认为在这五个身份所塑造的日本外交政策中，日本和美国有很多共同的利益和目标。虽然每个国家有不同的身份，但是日美之间却因此成为弥补对方不足，实现世界和平和繁荣的天然伙伴。[2]

从安倍晋三外祖父的外交理念和其父亲的演讲中可以看出，依赖美国的战略传统在安倍晋三的外交政策中有某种延续。不同于冷战时期东亚的地区结构，中国的经济崛起成为了最为明显的影响因素。这刺激日本加强美日同盟和强调联合所谓"共有价值观"的东亚国家，建构一个和主要由中国所代表的大陆东亚相对抗的海洋东亚。冷战期

① 日本外务省史料馆：《本国对外政策关系（杂件、调书、资料第二卷）》，档案号：A'·1·0·0·16－1，《岸内阁的外交理念和构想》，1957 年 5 月，第 1—17 页。

② 日本外务省史料馆：《安倍外务大臣美国访问》，档案号：SA'·1·3·1·2015－1595，《探索太平洋之梦》，1984 年 9 月 29 日，美国加利福尼亚州。

间，日本和美国结盟并且加入自由主义阵营。依靠美国的安全保护和美国市场，日本崛起为亚洲发达经济体。这让日本可以将自己打造为亚洲的样板，成为亚洲的领袖。但中国的经济崛起不仅让日本难以主导东亚合作，而且还证明了不同于日本的发展模式同样可以实现经济的崛起。这为广大东亚发展中国家展示了一条并非只有西方的道路才能够实现崛起的选择。而这一条道路显然和日本不同。这种对比削弱了日本作为亚洲发展模版的效用。面对这样的情况，依靠美日同盟组建海洋联盟对抗中国成为了日本的战略选择。

二、以“价值观外交”割裂东亚

在小泉纯一郎政府时期，日本就在东亚合作的相关会议中强调“普遍价值”，将之作为加强美日同盟及和中国博弈的工具。例如，2006 年 6 月 29 日，小泉纯一郎首相和布什总统在美国白宫会面，两国领导人一致同意“美国和日本的联合不仅是应对相同的威胁，还应该共同推进包括自由人格尊严和人权、民主、市场经济和法治”。[①] 这实际上就是日本通过加强和美国的关系以增强自己在东亚合作中的影响力。将“价值观”作为外交口号提出并作为重

① “Japan – U. S. Summit Meeting：The Japan U. S. Alliance of the New Century”，2006 年 7 月 29 日，http：www. mofa. go. jp/region/n ~ america/us/summit0606. html.（上网时间：2018 年 8 月 30 日）

构日本在海洋东亚的战略领导地位在安倍晋三政府时期越发明显。2006 年安倍晋三上台后，任命麻生太郎为外相、谷内正太郎为内阁官房顾问。虽然安倍晋三首相的第一个任期时间较短，其战略设想并未在实践中完全成型，麻生太郎和谷内正太郎为安倍晋三设想的一条割裂东亚之“弧”却成为了安倍晋三两届政府的外交战略特征。日本以所谓“共有价值观”的战略叙事框架，塑造一个游离于东亚大陆之外的海洋东亚为其同中国的竞争提供支撑。日本学者白石隆认为，在这条“弧”的两侧形成了海洋亚洲和大陆亚洲对立的结构。中国的经济崛起让周边大陆国家更加依赖中国，经济崛起带来的军事实力上升让中国在东海和南海上可以采取行动。而与大陆亚洲相对的是从冷战以来形成的美国主导的同盟体系和国际制度组成的海洋亚洲。[①] 在海洋亚洲和大陆亚洲对立的国际结构中，日本继续维持其经济大国的身份，加强美日同盟，引领“跨太平洋伙伴关系协定”谈判，维护自由主义的国际秩序。

2006 年 9 月 29 日，安倍晋三在施政演说中提出“价值观外交”，声称通过加强美日关系和向世界宣示日本人的价值观来追求国家利益。同年 11 月 30 日，麻生太郎在日本国际问题研究所发表演讲，正式提出“价值观外交”和“自由与繁荣之弧”作为日本外交的新基轴。在他的讲话中表示“共有价值观”外交是强调“日本外交要推动民

① 白石隆、『大陆アジアvs 海洋アジア：日本の国家戦略を考える』、ミネルヴァ書房、2016 年版、第 24 - 36 頁。

主、自由、人权、法治和市场经济这样的共有价值”。将“价值观外交”落到具体的执行上则是要将欧亚大陆附近，从东北亚、中亚到高加索、土耳其，从中东欧到巴尔干各国连成带状，而日本则是这条“纽带”转动的伴跑者，推动这些国家在这场漫长的马拉松中不断前进。日本外交的基础是强化美日同盟，并且重视加强和中国、韩国、俄罗斯等邻国的关系，还要加上“自由与繁荣之弧”这一基轴。①

2007年1月26日，安倍晋三在施政演说中提出以“价值观外交”实现世界和平的三大支柱，是强化和有自由、民主、人权和法治等“普遍价值观”的国家之间的关系，建构开放发达的亚洲，为世界和平和安定做出贡献。加强和东盟国家、澳大利亚、印度这样有“共有价值观”的国家经济交往。② 同年8月22日，安倍晋三访问印度，在印度国会发表《两洋的交汇》的演讲中，表示日本和印度建立全球战略伙伴关系对建构“自由与繁荣之弧”很重要，提出以“共有价值观”为基础建立一个包括日本、印度、澳大利亚和美国的“大亚洲”构想。③

---

① “Arc of Freedom and Prosperity: Japan's Expanding Diplomatic Horizons”, https: //www. mofa. go. jp/announce/fm/aso/speech0611. html.（上网时间：2018年9月12日）

② 『第166回国会における安倍内閣総理大臣施政方針演説』、http: //www. kantei. go. jp/jp/abespeech/2007/01/26sisei. html。（上网时间：2018年7月12日）

③ 日本外务省：《两洋的交汇》，https: //www. mofa. go. jp/region/asia - paci/pmv0708/speech - 2. html。（上网时间：2018年7月12日）

2012年，安倍晋三第二次执政，他再次提出“价值观外交”战略，在多个场合明确阐述要通过“共有价值观”加强和东亚海洋国家关系来拉拢周边国家，围绕东亚大陆建构一个包围中国的海洋东亚。2013年1月，安倍晋三在国会发表的施政演说中称：“外交的基本方针，不是只关注与周边各国的双边关系，而是要像注视地球仪那样俯瞰整个世界，立足于自由、民主、基本人权、法治支配等‘普遍价值观’，开展战略性外交。”① 在演讲中安倍晋三还提到，他在出访越南、泰国和印尼时，感受到三国对日本抱有高度期待。在2013年1月他出访东南亚十国时，发表演讲提出日本外交“新五原则”：第一，日本要与东盟国家共同创造并扩大自由、民主、基本人权等“普遍价值观”。第二，由法律而非力量支配的自由、开放的海洋是公共财产，日本愿与东盟国家全力维护海洋权益和航行自由。欢迎美国重视亚洲的政策。第三，积极推进日本与东盟国家的经贸合作，促进投资，推动日本经济复苏，并与东盟各国共同繁荣。第四，与东盟共同发展并维护亚洲多样的文化和传统。第五，进一步促进日本与东盟各国年轻人之间的交流。他还指出为了维持亚洲海洋的开放、自由和繁荣，日本专注于和美国的同盟关系，是在美国之后亚洲最大的海洋民主和自由资本主义国家。日本还要加强和亚洲海洋国家的纽带，推动东亚峰

① 日本首相官邸：《第183届国会安倍内阁大臣表明信念的演说》，http：//www.kantei.go.jp/cn/96_abe/statement/201301/28syosin.html。（上网时间：2018年8月21日）

会的活动范围扩大到太平洋和印度洋。[①] 安倍晋三呼吁有相同“价值观”的澳大利亚、印度、日本和美国共同组成“民主安全菱形”，将它们拉入到日本塑造的海洋东亚的框架之中。

安倍晋三将“价值观外交”带到东亚峰会上，在“积极的和平主义”倡导下拉住有所谓“共有价值观”的国家和与中国有领土争端的国家塑造海洋亚洲，甚至是环绕东亚大陆的“印度洋—太平洋”区域。2011 年 11 月，日本—东盟峰会的《扩大共同实现繁荣的东盟—日本战略伙伴关系共同宣言》中，日本和东盟就表示要加强“在海洋问题，尤其是自由航行、安全航行、畅通无阻的商务、遵守国际海洋法解决地区争端”等方面的合作。[②] 在 2015 年的东亚峰会上，安倍晋三表示日本将基于“积极的和平主义”加强和有“共有价值观”的国家的合作。在 2016 年的东亚峰会上，日本则是发声介入到南海国家之间的海洋领土争端中，为此日本极力渲染“中国威胁论”。安倍晋三认为，为了防止南海被中国“进一步要塞化”，扩大“战略地平线”，日本必须占据最有利的位置。[③] 所以，日

① “The Bounty of the Open Seas：Five New Principles for Japanese Diplomacy”，https：//www. mofa. go. jp/announce/pm/abe/abe_0118e. html.（上网时间：2018 年 8 月 21 日）

② 日本外务省：《扩大共同实现繁荣的东盟—日本战略伙伴关系共同宣言》，http：//www. mofa. go. jp/region/asia – paci/asean/conference/pdfs/bali_declaration_en_1111. pdf。（上网时间：2018 年 11 月 8 日）

③ 葛建华：《试析日本的“印太战略”》，《日本学刊》，2018 年第 1 期，第 70—71 页。

本决定为和中国有海洋领土争端的东南亚国家提供公共安全产品，加强和东南亚国家的军事合作，以所谓的“共有价值观”联合和中国有海洋领土争端的国家。

日本向这些国家出售武器装备和技术，加强和这些国家在海洋问题上的协调。2009 年，野田佳彦在访问菲律宾的时候推动两国达成战略伙伴关系，其中就包括两国加强在海洋安全上的合作。① 2010 年 10 月，野田佳彦在出访越南的时候将两国关系提升到战略伙伴关系，同时两国一致认为自由航行、畅通无碍的商务、遵守国家法包括《联合国海洋法公约》与和平解决争端是符合地区内国家利益的。② 2013 年 7 月 25—27 日，安倍晋三对马来西亚承诺，继续支持马来西亚海洋执法机构；日本通过政府发展援助为菲律宾海岸防卫队提供由日元贷款项目支持的 10 艘巡逻艇，并且为菲律宾提供专家来帮助其提高沿海运输安全；2016 年 2 月，日菲签署《防卫装备与技术转让协定》。③ 从日本法律上讲，政府发展援助是不能用于军事目的的，因此日本为菲律宾提供的政府发展援助是以加强军事能力建设所需的人才训练为名进行的。

---

① “Japan – Philippines Joint Statement on the Comprehensive Promotion of the Strategic Partnership Between Neighboring Countries Connected by Special Bonds of Friendship, Prime Minister of Japan and His Cabinet”, http://www.kantei.go.jp/foreign/noda/diplomatic/201109/27philippines_e.html.（上网时间：2018 年 11 月 8 日）

② “Japan – Vietnam Joint Statement on the Strategic Partnership for Peace and Prosperity in Asia”, http://www.mofa.go.jp/region/asia-paci/vietnam/joint1010.html.（上网时间：2018 年 11 月 9 日）

③ 日本外务省：《安倍首相出访东南亚》，http://www.mofa.go.jp/region/page6e_000120.html。（上网时间：2018 年 11 月 8 日）

日本还将澳大利亚、印度、美国拉入到其分裂东亚的“价值观外交”之中。日本利用美国在亚太地区的军事存在，配合奥巴马政府的“亚太再平衡”战略，和美国在有关南海争端问题的多个地区安全论坛上协调立场。[①] 安倍晋三在2006年就提出美国、印度、澳大利亚和日本组成“四边机制”，并且在再次执政时提出“民主安全菱形”，积极拉拢在海洋问题上有同样利益关切的印度和澳大利亚。日本加强日印在海洋安全方面的合作，日印双方高层经常展开多层次、高频率的交流。日本为了加强日澳在海上安全方面的合作，向澳大利亚出口先进的潜艇技术，鼓励其积极介入南海争端。[②] 日本宣传“中国威胁论”，操纵海洋议题，以所谓的“共有价值观”联合相关海洋国家针对中国的背后是将东亚进行切割，制造一个针对中国的海洋东亚，削弱中国在东亚合作中的影响力。

三、在海洋东亚组建战略菱形

如何借助美国的战略调整，牵制中国的发展，实现日本的战略构想，成为日本对外战略的重要课题。[③] 日本从

---

① Storey Ian, “Japan’s Maritime Security Interests in Southeast Asia and the South China Sea Dispute”, *Political Science*, Vol. 65, No. 2, 2013, p. 155.

② 朱清秀：《日本的“印太”战略能否成功?》，《东北亚论坛》，2016年第3期，第109页。

③ 葛建华：《试析日本的“印太战略”》，《日本学刊》，2018年第1期，第67页。

大陆退回海洋，利用美国“亚太再平衡”战略的支撑，在“自由与繁荣之弧”的宏观维度中，寻找可以抑制中国影响的战略框架。2007年，安倍晋三在出访印度时提出建立一个包括日本、印度、澳大利亚和美国在内的“大亚洲”构想。安倍晋三第二次执政后呼吁组成“民主安全菱形”，推销其“印太战略”，强推美国撤出的“跨太平洋伙伴关系协定”经济框架，并最终将之改成不包括中国的“全面与进步跨太平洋伙伴关系”。在2017年的东亚峰会上，安倍晋三表示在“自由、开放的印太战略”之下，加强以法治和自由航行等“共有价值观”为基础的自由和开放的海洋秩序。日本将“印太战略”带到东亚峰会舞台上就是要建构一种与大陆东亚相抗衡的海洋东亚，乃至环亚洲大陆的“印太地区”框架，实现一种“离岸平衡”的战略性框架。①

日本不仅拉住和中国有领土争端的一些南海声索国制造一个分裂的东亚，还联合和自己有共同利益、与中国有间接矛盾的国家，将它们纳入到和中国对抗的框架之中，以充实其联合海洋国家对抗东亚大陆的海洋东亚战略框架。因此，日本通过加强和美国、澳大利亚、印度之间的军事合作和外交关系，形成一个在地理上由四国组成的战略菱形区域。2006年，安倍晋三在国会进行施政演说中称，“日本要和有‘共有价值观’的澳大利亚和印度等国

① 苏浩：《东亚整合的艰难之路：“平轴”—“胡桃”—“双核”模式的建构》，世界知识出版社2018年版，第355页。

家开展领导人级别的战略对话”。[①] 同年12月，印度总理辛格在访问日本的时候，日本提出在四国之间建立一个安全对话平台。[②]

虽然在安倍晋三的第一个任期，日本公开表示与美国、澳大利亚、印度加强安全合作，但是“四边机制”构想并没有受到相关国家的积极响应并成型。到了安倍晋三的第二个任期，“四边机制”才再度重启。2012年12月，安倍晋三在世界报业辛迪加上发表题为《亚洲民主安全菱形》的文章。“我设想在澳大利亚、日本、印度、美国的夏威夷形成一个菱形来保护我们从印度洋到西太平洋共同的海洋利益。”“我认为日本最大的邻国——中国，对日本的福祉有诸多重要影响。但是要改善日中关系就需要加强日本和太平洋国家之间的关系，因为日本的外交必须根植于民主、法治支配、对人权的尊重等。这些‘普世价值’引导了日本战后的外交。我确信，2013年后亚太地区的繁荣同样也必须基于以上‘普世价值’。”[③] 在2017年马尼拉的东盟会议间隙，沉默许久的美日澳印“四边机制”重启。日本试图将印度、澳大利亚和美国拉入印太地区开展

---

① 日本首相官邸：《第165届国会安倍内阁大臣表明信念的演说》，https：//www. kantei. go. jp/jp/abespeech/2007/01/26sisei. html。（上网时间：2018年11月9日）

② “Visit to Japan of His Excellency Dr. Manmohan Singh，Prime Minister of India”，http：//www. mofa. go. jp/region/asia – paci/india/pmv0612. html.（上网时间：2018年11月8日）

③ Livemint：Shinzo Abe，“Asia’s Democratic Security Diamond”，https：//www. livemint. com/Opinion/viqg2XC8fhRfjTUIcctk0M/Asias – democratic – security – diamond. html.（上网时间：2018年11月8日）

与第三国基础设施开发，共同设计一个针对中国“一带一路”倡议的“替代方案”。“四边机制”在安全领域针对和遏制中国的意图较为明显，在经济领域则体现了接触与遏制的双重特征。

日本与美澳印发展双边和小多边海洋安全合作，强化以美日同盟为基轴的“准同盟”体系。日本不断加强和美国、澳大利亚、印度的双边军事合作，每年定期和三国召开外长、防长“2+2”会议。在三边层面上，美日澳、美日印、日澳印关系均形成固定的高层对话机制，相关军演也在开展。这样的三边合作是介于双边同盟和地区多边安全机制的一种合作形式，既弥补双边同盟和多边机制的不足，又不会取代现有机制。[①] 在四边关系中，美日和美澳已经是同盟关系，所以日本依托于美日同盟强化美日澳三边合作取得了较为深层次的推进，而日美印三边合作因为印度有自己的考虑而相对发展较慢。

2007 年美日澳三国建立了部长级战略对话机制，日澳两国也在“三边战略对话”的框架下迅速升级双边关系，日本和澳大利亚在第一次“2+2”会议中就签署了安全合作共同声明。这是日本除美国之外的第一个双边安全合作声明。2012 年 9 月，钓鱼岛问题升级的时候，澳大利亚防长声称澳大利亚认真考虑转让潜水艇技术加强两国的战略

① 葛建华：《试析日本的“印太战略”》，《日本学刊》，2018 年第 1 期，第 75 页。

伙伴关系。[①] 2014年4月，澳大利亚总理阿博特访问日本，确认了两国在安全领域的合作和“跨太平洋伙伴关系协定”的谈判。同年三国就研制新一代常规潜艇进行磋商，共享潜艇技术。2014年9月，日本、澳大利亚、美国三国进行了首次联合军事训练。2015年7月，日本陆上自卫队首次参加了美澳举行的联合军演。澳大利亚像美国那样也倾向于把日本看作是国际上“积极的一员”。但是澳大利亚不愿意支持日本实施让中国感到困扰的行动，因为澳大利亚既想加强和美国与日本的军事安全关系，也想要加深和中国在经济和政治上的纽带。[②]

美日澳三边合作不断推进，而日美印三边合作却进展迟缓。2006年12月，印度总理辛格出访日本，两国提议开展安全合作。[③] 2007年5月，日美安全咨询委员会的共同声明中直接指出要和印度一起加强安全合作。2008年日本和印度签署《日印安保共同宣言》，提升了两国海洋安全机制建设水平，并且在2009年12月开始每年召开事务次官级“2+2”对话。日本还修改“防卫装备转让三原则”，摆脱“武器出口三原则”的束缚，和印

① Wallace Corey J. , “Japan’s Strategic Pivot South: Diversifying the Dual Hedge”, *International Relations of the Asia - Pacific*, Vol. 13, No. 3, 2013, p. 493.

② Jain Purnendra, “Japan - Australia Security Ties and the United States: The Evolution of the Trilateral Dialogue Process and Its Challenges”, *Australian Journal of International Affairs*, Vol. 60, No. 4, 2006, p. 530.

③ “Visit to Japan of His Excellency Dr. Manmohan Singh, Prime Minister of India”, http://www.mofa.go.jp/region/asia-paci/india/pmv0612.html.（上网时间：2018年11月8日）

度开展海洋军事技术与装备的联合开发。2015年10月14日，日本、印度和美国在印度洋举行联合军事演习。因为日本和澳大利亚是美国的盟友，所以在已经存在的美日澳三边框架中推动美日澳三边合作要更加简单。而印度对于美国和日本想要推动的四边合作框架并没有给出很强的支持信号。

实际上日本提升一些南海周边国家的军事能力和构筑“战略菱形”是为了建构一个“海洋民主国家联盟”，最终形成海洋东亚和大陆东亚的对立结构。联盟存在本身就创造了一个敌人或者竞争对手。因为同盟内部的国家是安全的，而外部的国家则不被保护甚至被威胁，这就形成了安全落差和一个相互对立的结构。而且同盟的存在也意味着要有一个战略对象国。这就让日本在亚太地区强化和其他国家的海上安保和防务合作，动员相关国家和日本共同进行海洋安全保障行动和海洋开发及基础设施开发，形成一种合作的“习惯”。

四、在基础设施领域的竞争

在东亚合作里面，基础设施领域同样存在竞争。[①] 在安倍晋三第二次执政中，对外基础设施出口战略成为日本同中国在东亚合作中地缘政治竞争的一部分。其目的是在促进日本经济增长的同时，加强和中国周边国家的关系以应

① 在日本东京对日本青山学院大芝亮教授的访谈，2017年10月10日。

对中国不断上升的影响。例如，安倍晋三第二次执政之初在出访马来西亚、新加坡和菲律宾的时候就表示要加大同三国的基础设施合作，从而推动日本经济的复兴，通过法治而非武力让亚太地区成为“自由和开放的区域”。随着安倍晋三的稳固执政带来的外交战略部署落实，日本和中国在基础设施方面的竞争也逐渐被纳入到了其建构海洋东亚的战略轨道上来。

日本经济长期陷入发展停滞状态，人口老龄化和少子化造成国内经济在供给和需求方面的结构性问题，加上日元长期贬值，尤其是2008年金融危机给日本金融业造成巨大冲击。面对这些问题，依靠国内来拉动经济增长十分困难，因此海外国际市场成了拉动日本经济增长的关键。《满足亚洲基础设施建设需求》报告称，到了2030年亚太地区基础设施需求将超过22.6亿美元。[①] 日本通过官方发展援助，运用日元贷款、技术合作、无偿资金合作等方式强化海外投融资，促进民间资本参与基础设施项目。2009年，日本公布的《新成长战略》就指出，在亚洲地区综合且战略地利用日本在技术、环保等方面的经验优势，通过加大对外出口基础设施的贷款支持促进日本经济增长，由此日本将会成为联通亚洲各国的“桥梁国家”。[②] 2013年6

① 亚洲开发银行：《亚洲基础设施需求较前期预测翻一番，每年超过1.7万亿美元》，https：//www. adb. org/zh/news/asia - infrastructure - needs - exceed - 17 - trillion - year - double - previous - estimates。（上网时间：2018年8月21日）

② 日本首相官邸：《新成长战略（基本政策）》，http：//japan. kantei. go. jp/topics/2009/1230sinseichousenryaku_e. pdf。（上网时间：2018年10月23日）

月，安倍晋三政府公布《日本复兴战略——日本重返》的文件，将基础设施出口作为“安倍经济学”第三支箭的重要组成部分，推动在全球市场中的个人投资和企业信心，加速国内经济全球化步伐。① 日本政府的资金支持也的确拉动了对海外基础设施的出口，基础设施出口额在2014年达到190亿日元，并且稳定地朝着2020年实现300亿日元目标发展。②

日本政府采取多种措施支持对亚洲的基础设施出口并且取得了一定成效，但是中国企业不断提升的基础设施竞争实力使日本感受到了压力。2009年日本在印尼进行高铁可行性研究。2015年4月22日，中国与印尼签署《关于开展雅加达—万隆高速铁路项目的框架安排》，正式加入到雅万高铁的竞标中。在同年9月，中国以较低的价格打败日本拿下雅万高铁建设项目。和中国的高铁竞争失败不仅让日本常年的调查研究努力付诸东流，也让日本感到十分挫败。之后，日本修改其官方发展援助系统，加大对基础设施出口的资金支持，简化手续和资金申请时间，增加其基础设施出口竞争力。③ 日本政府也再次调整基础设施政策，提振日本经济的战略部署。

① 日本首相官邸：《日本复兴战略——日本重返》，http://www.kantei.go.jp/jp/singi/keizaisaisei/pdf/en_saikou_jpn_hon.pdf。（上网时间：2018年10月22日）

② 日本首相官邸：《第24次基础设施出口和经济合作相关战略部长会议》，http://www.kantei.go.jp/jp/singi/keikyou/dai24/gijisidai.html。（上网时间：2018年10月23日）

③ Yoshimatsu Hidetaka, "Japan's Export of Infrastructure Systems: Pursuing Twin Goals Through Developmental Means", *The Pacific Review*, Vol. 30, No. 4, 2017, p. 497.

在依靠基础设施出口获得国内经济增长的同时，日本也将之纳入到地缘政治竞争的轨道之中。随着“一带一路”倡议的落实，中国不断展现在东亚地区的存在，加强和东亚国家间的经济合作和深度推进一体化进程，让日本认为“一带一路”倡议是中国试图主导东亚合作进程的“地缘政治竞争工具”。[①] 为了抵消中国的影响力，安倍晋三政府加大了对基础设施出口的投入。日本在 2015 年提出构筑“高质量基础设施伙伴”加强和亚洲发展银行之间的合作，共同为亚洲未来五年基础设施建设提供 1100 亿美元。日本通过日本国际协力机构和亚洲发展银行建立新的协作机制，促进官民合作；通过日本国际协力机构加强项目风险应对和提高供应资金；促进在相关国际标准发展进程中高质量基础设施的全球发展。2016 年 5 月，在伊势志摩举办的 G7 领导人峰会上，安倍晋三为了确保日本基础设施在亚洲的核心竞争力提出未来五年将会为全世界的基础设施项目提供 2000 亿美元的计划，其重点地区是亚洲，并确立日本高质量基础设施的投资标准成为国际共同标准。

日本还利用基础设施战略拉拢中国周边国家，尤其是和中国有领土争端的国家，不仅不断在南海问题上拉偏架，还通过基础设施出口和官方发展援助强化东南亚国家的海洋应对能力。如日本给越南提供大量官方发展援助，为越南在公路、电力、铁路、港口等方面提供资金援助。

---

① 黄凤志、刘瑞：《日本对“一带一路”的认知与应对》，《现代国际关系》，2015 年第 11 期，第 38 页。

在2011年到2013年间，日本为越南提供日元贷款建设盖梅国际海港和沥县国际海港，以及海港中的后勤和施工设施。日本利用官方发展援助提升越南应对南海争端能力解释了其地缘政治考虑。①

和操控海洋安全问题将其他东南亚国家拉入到其东亚合作框架不同，日本和印度的基础设施合作被拉到了更加广泛的“印太战略”框架之中。2015年12月，两国政府签署在铁路项目上的技术合作备忘录，并且发布《日本和印度2025展望：共同实现印太和世界和平繁荣特别战略及全球伙伴关系联合声明》。这份联合声明可以说是符合日本利用基础设施出口达成建构“印太战略”框架安排的想法，将所谓的“共有价值观”和安全议题同日印两国的铁路合作挂钩。在2017年的东亚峰会上，安倍晋三首次在该机制中力推“自由、开放的印太战略”。在其发言中表示，要建立自由航行和法治的基本价值，推动互联互通的“高质量基础设施”，通过建构海洋执法和人道援助等海上执法能力的合作实现和平和稳定。日本极力拉拢印度作为支点国家，希望印度能够进入其“印太战略”框架之中。日本还拉上印度建构“亚非增长走廊”，将之和“高质量基础设施合作伙伴关系”相对接。②

① Yoshimatsu Hidetaka, “Japan's Export of Infrastructure Systems: Pursuing Twin Goals Through Developmental Means”, *The Pacific Review*, Vol. 30, No. 4, 2017, p. 506.

② 印度外交部：《日本和印度2025展望：共同实现印太和世界和平繁荣特别战略及全球伙伴关系联合声明》，https://www.mea.gov.in/bilateral-documents.htm?dtl/26176/Joint_Statement_on_India_and_Japan_Vision_2025_Special_Strategic_and_Global_Partnership_Working_Together_for_Peace_and_Prosperity_of_the_IndoPacific_R。（上网时间：2018年10月20日）

第三节　寻求在东亚的战略领导地位

在海陆对立结构中日本自信可以担任领导者的角色，提升自己在美国战略体系中的地位，也能够对冲美国履行义务意愿下降的风险。同时，日本相信能够通过联合海洋国家的力量应对中国的崛起，保证自己的战略领导地位。

一、获得在东亚的对美战略自主

二战后，美日同盟作为日本外交的基轴是难以逾越的外交准绳。对日本来说，美日同盟为日本提供安全和政治上的保障，日本也依赖于美国主导的国际经济体系成长为世界经济强国。2001 年到 2007 年的小泉纯一郎政府和安倍晋三政府是日本对美国所关心的地区问题上典型的“刺激—反应”式政府。小泉纯一郎本人表示要在美日关系的基础上发展和亚洲国家的关系，建立“东亚共同体”，并且配合美国的反恐战争扩大自卫队的活动范围。安倍晋三政府更是将美国留在东亚合作框架内推动“泛亚洲”合作。①

虽然配合美国的东亚战略有时候让日本的东亚外交政

① Terada Takashi, “The Origins of ASEAN + 6 and Japan’s Initiatives: China’s Rise and the Agent - Structure Analysis”, *The Pacific Review*, Vol. 23, No. 1, 2010, p. 77.

策看似是美国外交的“延续”，但是日本仍然试图在美国的束缚下寻求外交自主，有的时候甚至是要摆脱束缚。[①]从其提出“亚洲货币基金”倡议到推动没有美国存在的东亚合作，这些外交行为都可以看到日本摆脱“美国中心”的外交意图。在东亚合作中塑造海洋东亚就是日本试图摆脱美国对其在东亚的束缚，从而获得更大的外交自主。

日本利用美国和东南亚国家对中国崛起的疑虑提升其在东亚合作框架中的地位。日本将东亚作为其战略依托获取经济发展，进而将之作为谋求“政治大国”地位的战略支撑。获取亚洲的经济领导地位，可使日本应对美国的经济掠夺。[②]为了获得对美自主，日本寻求和澳大利亚、印度共同构筑“小三边”“军事准同盟”，突出日本和东盟关系中的“价值观外交”，介入到南海争端中，从而凸显日本在东亚合作框架中的重要性。由此，日本在军事、政治和安全上成为美国亚洲政策和东南亚国家平衡中国影响的支点国家。“转向”东南方向对冲美国对日本限制的影响，减少对美国的依赖，加强日本在东亚地区的战略地位，从而提升其在美国亚洲战略框架中的重要性。[③]可见，日本

① 日本外务省史料馆：《日美贸易经济合同委员会关系第四回委员会本会议各大臣发言》，档案号：E'·2·3·1·17-6-5-2；《安倍外务大臣美国访问》，档案号：SA'·1·3·1·2015-1595。

② Richard J. Samuels, Narushige Michishita, "Hugging and Hedging: Japanese Grand Strategy in the 21st Century", *Worldviews of Aspiring Powers: Domestic Foreign Policy Debates in China, India, Iran, Japan, and Russia*, Oxford University Press, 2012.

③ Wallace Corey J., "Japan's Strategic Pivot South: Diversifying the Dual Hedge", *International Relations of the Asia-Pacific*, Vol. 13, No. 3, 2013, pp. 475-500.

通过塑造海洋东亚，将自己在东亚合作框架中打造为海洋东亚的领导者，从而获取对美更大的自主权。

日本提出“价值观外交”也是为了摆脱美国的控制。为了获得更多内政外交自主权，日本政府要在表面上制造出一种摆脱美国的假象，以顺应国内民众追求自主独立的心理需求。[①] 配合美国“重返亚太”的战略调整，加强和美国的合作，修改集体自卫权的宪法解释；以“中国威胁论”为借口加强和美国的合作实现“借船出海”。日本不能像美军那样在全球展开军事行动，而日本某些配合美国的军事行动又受到法律限制，日本认为这样在美国面前是不平等的。日本需要改变对法律的解释，让自卫队能够更多地配合美军，这样美日同盟才是平等的。[②] 日本的“借壳上市”实际上就是不断给自己松绑。日本在“10+3”会议和东亚峰会等多个东亚合作场合推销其“价值观外交”，将自己扮演为民主主义的马拉松“伴跑者”，在2013年出访东南亚三国时提出“普遍价值”和法治支配原则，推动美国支持的“跨太平洋伙伴关系协定”框架，并且在美国退出后将之改造为《全面与进步跨太平洋伙伴关系协定》。

当特朗普政府奉行“美国第一”开始“退群”的时候，日本主动在东亚扮演起“接棒者”的角色。在美国退

① 王金辉、周永生：《简析安倍政府国际秩序构想及实质》，《日本学刊》，2017年第3期，第66页。

② 在日本东京对柳井俊二的访谈，2017年11月17日。

出“跨太平洋伙伴关系协定”后，日本在东亚峰会上表示同时推动“跨太平洋伙伴关系协定”和《区域全面经济伙伴关系协定》谈判，并且希望将“跨太平洋伙伴关系协定”的高标准应用在《区域全面经济伙伴关系协定》的谈判之中。日本此举有着竭力将美国拉入到其“印太战略”框架中的意图。2013 年安倍晋三第二次胜选后访问美国，在国际战略研究中心发表演讲，将“印太”和“亚太”作为并列概念使用，强调联合美国、印度、澳大利亚、韩国这样的海洋国家，共同维护海洋秩序。日本将“印太战略”“准同盟”体系带到东亚合作框架内，凭借发达国家的优势和地位，提升在东亚合作框架中的地位。

二、寻找新的战略领导地位

日本建构一个依托于美国的“准同盟”体系是要在其中扮演领导角色，在东亚重新找回战略领导地位。从“准同盟”体系外部来看，日本和美国都将中国视作威胁，日本想要联合印度与澳大利亚一起追随作为地区主导力量的美国应对中国。[①] 中国在海洋问题上的自信被美国和日本认为是对地区安全的“威胁”和对现有秩序的“修正”。印度希望加强和中国在经济上的交往，但是显然对于美国和日本邀请其对抗中国的热情并不高。东盟国家则采取

① Jain Purnendra, “Westward Ho! Japan Eyes India Strategically”, *Japanese Studies*, Vol. 28, No. 1, 2008, p. 17.

"大国平衡"战略。日本积极塑造这样一个"准同盟"体系实际上展示了其在域内的领导形象。从"准同盟"体系内部来看，日本建立战略伙伴关系的政策和加强同美国联合的国家之间的军事合作让其搭建了一个"联合防卫"体系，而这就让日本能够建立一个"去美国中心"的地区安全体系。这个由美国的各个同盟国组成的双边同盟体系正在成为一个新的轴幅体系，日本实际上建构了一个多边的相互连接的"边缘"地带。[①] 而在这个"准同盟"体系内部，日本显然是在美国之下的积极领导者，成为"小三边"关系的关键节点。由此，日本成为了在美国之下的东亚领导者。

日本想要借助美国的力量实现塑造海洋东亚的战略构想，通过主导海洋秩序以海制陆，在海洋东亚和大陆东亚的对立结构中建立战略领导角色。中国经济实力的上升和东亚一体化正在降低美国在东亚的影响力，但美国不能接受世界经济秩序主导权的转移，"跨太平洋伙伴关系协定"是美国应对中国日渐发挥主导作用的《区域全面经济伙伴关系协定》谈判的工具。显然在日本看来追随美国的脚步，宣传"中国威胁论"，让域内国家对中国抱以警惕，有利于在东亚形成一个平衡中国的框架。在这个对抗框架内，日本成为了美国之外东亚区域内各国平衡中国的最佳选择。

① Paul Midford, "New Directions in Japan's Security: Non - US Centric Evolution, Introduction to a Special Issue", *The Pacific Review*, Vol. 31, No. 4, 2018, p. 416.

通过联合海洋力量平衡中国在域内上升的影响力也是日本主导东亚大陆的延续。随着大陆战略取向陷入困境，日本无奈地从争夺大陆东亚的主导权退回到海洋上寻求主导海洋东亚。具体而言，日本支持扩大东亚峰会成员，并邀请美国参加东亚峰会；主持“10+6”框架的“东亚全面经济伙伴关系”可行性研究；积极加入到“跨太平洋伙伴关系协定”。而且日本通过参加“跨太平洋伙伴关系协定”和《区域全面经济伙伴关系协定》谈判也获得了优势。[①] 日本既可以以“跨太平洋伙伴关系协定”的标准在东亚达成一个符合日本利益的高水平的贸易标准，也可以通过参加东亚一体化继续获得主导东亚经济发展的机会。由此，日本通过不断将太平洋框架力量引入到东亚合作框架中，为日本创造更有利的地区环境。

日本积极推动“战略菱形”建构了一个在美国之下的安全结构选择。一方面，日本担心美国作为全球军事霸权国并不依赖于日本，可能不会满足日本的安全考虑，或者日本将美国看作是一个衰落的霸权国而需要寻找新的安全选择；[②] 另一方面，在亚太地区美国的同盟国一直依赖于美国的同盟体系，但是“四边机制”则为这些国家提供了在美国同盟体系之下的“小三边”和更多的双边安全选

① Oba Mie, “TPP, RCEP and FTAAP: Mulitlayered Regional Economic Integration and International Relations”, *Asia - Pacific Review*, Vol. 23, No. 1, 2016, pp. 105 - 108.

② Paul Midford, “New Directions in Japan's Security: Non - US Centric Evolution, Introduction to a Special Issue”, *The Pacific Review*, Vol. 31, No. 4, 2018, p. 415.

择。比如日本和澳大利亚的战略伙伴关系就强调在亚太地区建立一个独立于美国同盟环境的选择。[①] 这也就造成了一个“去美国中心”的安全体系。所谓的“去中心”就是指国家只有或者主要只有一个安全合作伙伴。而且日本对东南亚国家的军事支持和共同军事培训也相对提高了日本对区域公共安全产品的供应。当然，日本积极推动海洋东亚的建构并不是要取代美国的影响，而是要将美国留在东亚满足日本的安全关切，在美国之下建构一个“准同盟”体系以平衡中国影响力。

① Wilkins Thomas S.，“After a Decade of Strategic Partnership：Japan and Australia ‘Decentering’ from the US Alliance?”，*The Pacific Review*，Vol. 31，No. 4，2018，p. 510.

第五章　双重战略取向的艰难选择

从日本的对外战略选择来看，日本将长期陷入在海洋战略取向和大陆战略取向之间做出艰难选择的困境。日本国力有限难以凭一己之力塑造地区秩序、主导地区合作进程。日本想要将中国纳入到其主导的东亚合作进程的战略框架中，但是却难以限制崛起的中国的影响力。美日同盟虽然成为了日本对外战略的重要支柱，但也是其对外行为的一道枷锁。是选择主导东亚大陆的大陆战略取向，还是选择联合美国的海洋联盟对抗大陆，这可能将是日本东亚合作战略面临的选择困境。

第一节　双重战略取向的矛盾

日本地处东亚区域，和其他东亚国家形成了不可分割的经济整体。不论是保证自己的安全还是获得繁荣都离不开和东亚其他国家的合作与协调。特朗普总统上台后调整对外政策，以“美国第一”为口号实质是减少了对日本的安全承诺，要求日本在贸易问题上做出妥协。为了应对美国的不确定性，日本也做出了相应的战略调整，表现出“再次”拥抱大陆战略取向的趋势。

一、作为传统的大陆战略取向

冷战结束后，日本欲在东亚大陆建构一个由其扮演制度引领角色的合作框架。日本最初对推动东亚合作并没有表现出极大的热情，直到1999年的“10+3”领导人峰会上明确表示推动东亚合作，开始将经济主导转变为制度引领，巩固自己在东亚大陆的主导地位。这样日本就可以像欧洲和美国那样在东亚建立以自己为中心的区域制度一体化，进而追求“美日欧正三角”实现日本的“大国抱负”。理查德·萨缪尔斯的研究指出，日本内部持有不同战略观念的群体对于东亚合作有不同的看法，但是这些看法最终都指向了依托东亚大陆或者依靠美国实现自己的发展。在和平主义者和“中等国家论”支持者看来，日本需要有限的军事力量维持安全，通过和东亚国家建立良好关系实现自己的安全和繁荣。在新自主主义者和“正常国家论”者看来，日本要加强军事力量从而获取对美国更多的自主权，东亚合作是实现这一目标的大国博弈工具。两者的区别在于：新自主主义者接受美国对日本的限制，“正常国家论”者既要获得更多的自主也想借助美国的力量。①

在小泉纯一郎政权时期，日本将“东亚共同体”作为地缘政治博弈工具。日本担心被美国抛弃或者成为中美关系的牺牲品，所以要利用东亚合作让美国将注意力放在东亚，并且防止中国和美国以日本为代价实现关系的改善。这就好像在说：“你如果再不回来，我就要取代你。”② 所以，在东亚合作中，日本要以美日同盟作为地区安全的基础，不断强化美日同盟，将美国的盟友拉入到东亚合作框架中。③ 鸠山由纪夫首相提出建立“东亚共同体”，则是希望加强和亚洲国家的关系，建构平等的美日关系。他认为地区主义促进了地区稳定和繁荣，进而实现日本的安全和经济利益。日本为邻国提供技术培训和自然灾害的支援以改善自己的形象。日本相信如此终将会改变人们对历史的认知并在无形之中扮演领导者角色。也就是说，不论是自民党还是民主党的“东亚共同体”都着眼于将东亚大陆作为自己生存和强大的战略空间。只是两者的重点不同。在某些情景下，自民党更加依赖美国，民主党则更加倾向于改善和亚洲国家的关系。

---

① Samuels Richard, “Securing Japan: The Current Discourse”, *The Journal of Japanese Studies*, Vol. 33, No. 1, 2007, pp. 125 – 152.

② Zhang Yun, “Multilateral Means for Bilateral Ends: Japan, Regionalism, and China – Japan – US Trilateral Dynamism”, *The Pacific Review*, Vol. 27, No. 1, 2014, pp. 5 – 25.

③ Webber Douglas, “The Regional Integration that Didn’t Happen: Cooperation Without Integration in Early Twenty – First Century East Asia”, *The Pacific Review*, Vol. 23, No. 3, 2010, pp. 313 – 333.

为了限制中国在东亚的影响力，日本转而选择海洋战略取向，联合海洋国家的力量对抗大陆。在大陆战略取向走入困境后，海洋战略取向开始占据主导地位。海洋战略取向占据主导地位影响其战略行为并不意味着日本放弃主导东亚的企图和脱离于东亚实现自己的生存和发展。相反，从长远来看，大陆战略取向可能会重新回归主导地位。因为大陆仍然是日本生存和发展的战略空间。当日本将中国视为“威胁”的时候，海洋战略取向就会占据主导。在中日之间，领土争端、历史、互信不足等问题难以一时消除。这也就意味着海洋战略取向不会消失。虽然从现实来看，日本仍然愿意选择海洋战略取向，但是地缘决定了日本的发展不可能脱离于东亚大陆。这就让日本面对两个战略选择，即是依靠海洋战略取向平衡中国，还是依靠大陆战略取向同中国既竞争又合作。

二、作为现实选择的海洋战略取向

日本继承了传统地缘政治海陆对抗的战略思维，试图从东北亚到东南亚，南向联合澳大利亚、西向与正在探寻从“向东看”到“向东行”战略的印度相联结，建构一个以海上通道为纽带的海洋国家协调体，对抗来自大陆的压力。在这样的对立结构中，日本成为了潜在的东亚“盟主”。

2013 年，日本发表的《国家安全战略》报告认为，进入21世纪以来国际社会正在出现新的权力平衡，中国不断增加在国际社会中的存在，尤其是中国快速的经济崛起可以让其不断提升军事能力。日本认为中国在海上的行动构成“安全威胁”，使日本不得不让出东亚合作领导者的位置。这让日本从大陆退向海洋，以“价值观外交”将东亚一分为二，塑造海陆对立的结构。通过为相关南海声索国提供军事支持，日本加强了和美国、澳大利亚、印度、韩国之间的军事关系，为海洋东亚和大陆东亚对立结构提供物质支撑。2018年10月25日，安倍晋三在纪念中日和平友好条约缔结40周年纪念活动上说：“发展两国长久的和平友好关系，以和平手段解决所有争端，不谋求霸权。”[①] 由于日本担心中国不断上升的影响力，海洋战略取向由此成为了日本对抗东亚大陆的现实战略选择。

在“一带一路”倡议提出的前四年中，日本在“21世纪海洋丝绸之路”沿线处处设防，加强和一些南海国家的经贸合作关系，与和中国存在领土争端的南海国家进行安全合作，在政治上宣扬“中国威胁论”，从而达到拉拢一些南海国家、牵制中国的目的。在2013年的东亚峰会上，安倍晋三称南海直接关系到地区的和平和稳定，事关国际共同体的共同利益，对全球海洋秩序有重要影响。他强调任何一方都不应该单方面改变现状，要

① 『日中平和友好条約締結40周年記念レセプション』、https://www.kantei.go.jp/jp/98_abe/statement/2018/1025jpncn40.html。（上网时间：2018年11月15日）

遵守《联合国海洋法公约》相关法律。[①] 在 2015 年的东亚峰会上，安倍晋三对南海局势表示关切，声称南海相关国家不断扩大的领土主张和用于军事目的的扩大岛礁建设都可能增加地区局势紧张；他支持菲律宾对中国提起的所谓“国际仲裁”。[②]

除了利用海洋问题阻碍“一带一路”的推进，日本的另一个考虑是希望同中国合作解决海洋安全问题。在日本看来，南海的稳定和繁荣关系到自己的利益，因此日本想要和中国合作解决南海问题，比如中国和日本建立某种协调机制。[③] 日本自身不是南海声索国，因此这种想法表明，一方面日本想要和中国合作保护日本在南海的利益，另一方面想要通过合作提高日本的地区地位。

在地区经济合作上，日本同时推动两个区域合作协议谈判为日本赢得了灵活的领导地位。[④]“跨太平洋伙伴关系协定”谈判的成员涵盖了东盟成员越南、文莱和新加坡，从东盟的角度来看，“跨太平洋伙伴关系协定”存在撕裂东盟在区域经济一体化中完整性的潜在影响，而且和东盟所支持的“区域全面经济伙伴关系”形成竞争。因此，东盟在推动东亚一体化的贸易谈判中就要考虑日本希望东亚

① “The Eighth East Asia Summit 2013”, https: //www. mofa. go. jp/region/page3e_000110. html. (上网时间：2018 年 11 月 17 日)

② “The 10th East Asia Summit Meeting”, https: //www. mofa. go. jp/a_o/rp/page3e_000426. html. (上网时间：2018 年 11 月 11 日)

③ 在日本东京对曾任驻华公使的资深外交官的访谈，2018 年 2 月 20 日。

④ Oba Mie, “TPP, RCEP, FTAAP: Mulitlayered Regional Economic Integration and International Relations”, *Asia - Pacific Review*, Vol. 23, No. 1, 2016, pp. 100 - 114.

贸易谈判中建立高标准自由贸易区的利益诉求。在美国方面，奥巴马政府认为“跨太平洋伙伴关系协定”是“亚太再平衡”战略的重要内容，日本则是美国实施“亚太再平衡”战略的关键国家。在安倍晋三政权下，日本不断加强美日同盟关系，配合美国的“亚太再平衡”战略，在多个场合宣传“跨太平洋伙伴关系协定”。[①] 美国对日本的战略需求和参加《区域全面经济伙伴关系协定》谈判让日本获得了对美国在东亚经济领域讨价还价的优势。日本积极参加美国主导的“跨太平洋伙伴关系协定”谈判，以此作为模本，推动“区域全面经济伙伴关系”向有利于日本的方向进行。

在2015年的东亚峰会上，安倍晋三首相称：“跨太平洋伙伴关系协定”将创造新的经济秩序，成为亚太自由贸易区的规则基础，对21世纪全球标准有重要影响；日本也将会继续和其他国家进行密切合作完成《区域全面经济伙伴关系协定》的谈判，推动区域贸易和投资，扩大供应链。[②] 2016年东亚峰会上，日本以“跨太平洋伙伴关系协定”的高标准推动东亚区域合作的态度则更加明显。安倍晋三首相表示将尽最大努力推动“跨太平洋伙伴关系协定”早日生效，完成“区域全面经济伙伴关系”这一东亚一体化的重要支柱。日本将会积极打造全面、平衡、高标

① Green Michael J., Zack Cooper, “Revitalizing the Rebalance: How to Keep U.S. Focus on Asia”, *The Washington Quarterly*, Vol. 37, No. 3, 2014, pp. 25 – 46.

② “The 10th East Asia Summit Meeting”, https://www.mofa.go.jp/a_o/rp/page3e_000426.html.（上网时间：2018年11月11日）

准的协议。[①] 2017 年，日本为了对冲美国贸易保护主义带来的风险和损失，明显提升了对《区域全面经济伙伴关系协定》谈判的热情。特朗普总统退出“跨太平洋伙伴关系协定”的谈判，而日本则继续坚持并且力推达成了“跨太平洋伙伴关系协定”的部长级谈判。在完成《区域全面经济伙伴关系协定》谈判上，日本则表示要达成高标准的区域协议来推动地区经济的增长。[②]

三、大陆战略取向和海洋战略取向的竞争

从冷战后日本的东亚合作行为来看，大陆战略取向首先占据主导地位，而后海洋战略取向成为主导战略取向。在两个战略取向交替主导的进程中，中国和美国在日本的战略设想中显然在不同时期扮演了不一样的角色。当大陆战略取向占据主导地位时，日本的战略行为围绕着主导东亚合作展开。这意味着日本需要将中国纳入到自己的战略框架中。不论是依靠经济合作将中国纳入到日本主导的“雁行模式”中，还是和中国共同推进“东亚共同体”的建设，日本在推动东亚一体化进程中都要和中国合作，无法将中国排除在外。而海洋战略取向塑造海洋东亚和大陆东亚对立的行为却呈现出和中国对抗、将中国排斥在战略

① “The East Asia Summit”, https://www.mofa.go.jp/a_o/rp/page3e_000588.html.（上网时间：2018 年 11 月 11 日）

② “The 12th East Asia Summit”, https://www.mofa.go.jp/a_o/rp/page3e_000790.html.（上网时间：2018 年 11 月 11 日）

构想之外的特点。

两种战略取向不仅影响了日本的对外政策，也呈现出了两种外交轨迹。日本庆应大学的神保谦教授对2006年到2013年日本的外交政策进行研究。他将日本的外交政策划分为“是否包括中国”和“是否倾向于美国”，发现日本的外交政策呈现出一定的轨迹。[①] 日本在2006年提出不包括中国并倾向于美国的“价值观外交”和“自由与繁荣之弧”，其目的是加强同其他东亚国家和市场经济体合作，在欧亚大陆边缘地带建立一个从东欧经过中东和东南亚到俄罗斯远东地区的“弧”。福田康夫上台后开展和中美保持“等距离”的共鸣外交。随后上台的鸠山由纪夫则是更加倾向于加强中日关系和“东亚共同体”建设，对美国寻求平等的美日关系。民主党再次执政后，其外交政策重新转向美国，对“东亚共同体”建设的态度冷淡，提出建构“战略菱形”。神保谦认为这样的划分展示出了日本那段时期的外交轨迹，有趣地说明了日本的外交如何在中美两国间谋求利益。[②]

第二节　大陆战略取向回归主流的可能性

从日本2017年以来的对外行为看，日本表现出了以推

---

① Jimbo Ken, “Japanese Foreign Policy: 2006 - 2013, Responding to the Rise of China”, *CIDOB International Yearbook* 2013, pp. 1 - 13.

② 在日本东京对日本庆应大学神保谦教授的访谈，2018年5月10日。

动东亚合作应对外部挑战的行为取向。日本同周边国家改善关系，和它们协调共同推进东亚区域一体化和区域共同发展。东亚大陆对日本来说再一次成为了应对外部挑战的战略空间。将海洋作为基础，“回归”东亚大陆，实行陆海并进，似乎成为了日本的战略选择。

一、海洋战略取向的有限性

首先，美国方面。特朗普上台后，美日战略分歧加大。特朗普上台前的竞选政策倾向和口号代表了孤立主义、贸易保护主义、保守主义、“白人至上主义”及以泛精英化为特征的“美国第一主义”，也被称为“特朗普主义”。[①]特朗普在竞选之时就表现出了对上届政府对外政策的反对态度，于是在他上台后便退出了“跨太平洋伙伴关系协定”，并且对日本的钢铝进口产品征收惩罚性关税。特朗普对美日经济关系的认识如同20世纪80年代那样，认为日本是在占美国的便宜，而不是从美日共同经济利益的大局来看待美日同盟。[②]日本希望美国能够重返“跨太平洋伙伴关系协定”并解决双边贸易问题，但在2018年8月的美日贸易谈判中，美国坚持签订双边贸易协定。对日本来说，“跨太平洋伙伴关系协定”不仅为其在亚

① 吴怀中：《“特朗普冲击”下的日本战略因应与中日关系》，《日本学刊》，2017年第2期，第3页。

② 在日本东京对笹川财团资深研究员渡部恒雄的访谈，2018年5月10日。

太地区营造了良好的通商环境，还是其追求塑造世界经济秩序主导权的工具。

同样让日本担心的是特朗普的“美国第一主义”可能动摇美日同盟关系。和奥巴马时期的外交政策相比，特朗普政府的外交政策更加偏向孤立主义和战略收缩。这就让日本不得不考虑如何在海洋东亚和大陆东亚对立的结构中追求领导地位的问题。特朗普批评日本、韩国和欧洲等传统盟友让美国承担军费保护其安全，要求它们承担更多的军费。日本不得不为了维护同盟关系以经济利益交换安全承诺。2017 年 11 月，安倍晋三首相在特朗普总统访日时获得了美国对日本的安全承诺。日本则承诺在汽车和生命科学创新上做出新的贸易行动。美国在地区问题上的战略收缩和追求现实利益的取向让日本在一定程度上失去主导东亚的战略支撑。

其次，中国方面。在海洋问题上，中国推动制度化解决海洋领土争端问题。[①] 东海和南海问题一直都是日本关切的问题：一方面需要给国内一个合理的解释；另一方面又对中国的举动持怀疑态度。[②] 随着海洋问题的降温，日本的海洋战略取向失去了获取支撑的战略环境。在菲律宾总统杜特尔特上台后，菲律宾对所谓“南海仲裁案”进行冷处理，开始加强和中国的经济联系。这就让日本借助菲律宾在南海围堵中国的计划落空。中国则遵循

① 在日本东京对曾任驻华公使的资深外交官的访谈，2018 年 2 月 20 日。

② 在日本东京对外务省第三国际情报官横地晃的访谈，2017 年 11 月 6 日。

“双轨思路”寻求解决南海问题。[①] 东盟国家也希望有更多的战略选择，让自己有一个稳定的地区环境。所以，东盟国家并不想加入到日本的战略中，希望能够和中国共同缓和地区形势。[②] 在中国和东盟国家的努力下，2017 年 8 月 5 日在马尼拉召开的第 50 届东盟外长会议正式通过了“南海行为准则”框架。2018 年 8 月 2 日，“南海行为准则”单一磋商文本草案形成。在东海问题上，随着中日关系的改善，中日两国也逐渐恢复在海洋问题上的协调。

最后，印太地区方面。对于日本的“印太战略”，澳大利亚和印度存在选择困境。澳大利亚希望能够加强和美日的军事安全纽带，但同时希望能够同中国加强政治和经济关系。美国和澳大利亚都不想让日本和其他亚洲国家之间的关系更加僵硬，使得外交途径解决问题变得困难。[③] 在日本看来，印度与日本具有“共同的价值观”和共同的战略诉求。因此日印应该加强军事交流，推进双方海洋安全合作，共同应对中国的崛起。然而，印度在印太地区的战略诉求中经济是非常重要的因素。[④] 印度想要保持自己的战略独立，加强和包括中国在内的其他亚洲国家之间的经济合作。

---

① 《王毅：“双轨思路”是解决南海问题最为现实可行的办法》，https://www.fmprc.gov.cn/web/zyxw/t1357479.shtml。（上网时间：2018 年 11 月 20 日）

② 在新加坡对新加坡南洋理工大学拉惹勒南国际关系学院陈思诚教授的访谈，2018 年 2 月 26 日。

③ Jain Purnendra, “Japan - Australia Security Ties and the United States: the Evolution of the Trilateral Dialogue Process and Its Challenges”, *Australian Journal of International Affairs*, Vol. 60, No. 4, 2006, p. 530.

④ 朱清秀：《日本的“印太”战略能否成功?》，《东北亚论坛》，2016 年第 3 期，第 112 页。

二、依托于东亚大陆的海陆并重

借重美国和其海洋同盟，日本同东亚大陆切割，围绕着欧亚大陆边缘地带展开一场马拉松式的陆海对抗，在全球开展“俯瞰地球仪外交”。这一战略行为的背后是日本继承了西方传统地缘政治中海陆对抗的逻辑。2006 年麻生太郎外相将日本描述为：地处欧亚大陆一端，在“自由与繁荣之弧”这一环形地缘对抗带上“民主马拉松”的领跑者。日本通过联合美国的海洋联盟和其发挥主导作用的世界经济体系向欧亚大陆施加战略压力，配合美国限制中国影响力向海洋辐射。

然而，特朗普政府的对外政策似乎让日本难以继续维持既有的外交部署。日本正在将外交重点从着眼全球的“俯瞰地球仪外交”1.0 版升级为重视周边的 2.0 版。[①] 这一战略调整并不意味着日本完全转向大陆，而是看到了和东亚大陆完全切割的战略实践在现实中难以为继，在将海洋作为战略重心的同时和东亚大陆重新接触，依托于在东亚大陆上的紧密经济关系发展自己。

在海洋东亚的战略方向上，虽然特朗普上台后退出“跨太平洋伙伴关系协定”，对日本进行经济和贸易制裁，

---

① 笪志刚:《安倍“俯瞰地球仪外交”开启 2.0 版》, https://baijiahao.baidu.com/s?id=1631826281812081549&wfr=spider&for=pc。（上网时间：2019 年 4 月 30 日）

但日本仍支持美国加强在东亚的安全存在。在2019年的美日"2+2"会谈中，双方表示继续推动"自由、开放的印太战略"，首次将网络攻击纳入到安全合作之中。[①] 安倍晋三在2019年4月访问美国时，就对特朗普表示希望能够和美国在朝鲜核问题以及周边安全问题上加强协调，但是在贸易问题上双方分歧严重。对于特朗普的不满，安倍晋三对此做出了回应。他说："自特朗普入主白宫以来，日本商界已经向美国投资230亿美元，这将在美国创造43000个就业岗位。"

安全上依赖美国决定了日本的对外战略绕不开美日同盟。为了缓解在经济上的压力，日本需要东亚大陆的支撑，即以东亚大陆为战略依托加强对美贸易问题上讨价还价的能力。所以，推动东亚合作就成了日本在美日同盟中和美国博弈的砝码，以及对特朗普不确定性政策的对冲手段。针对美国的贸易保护主义和孤立主义，安倍晋三在各种场合不断重申坚持多边合作的立场。日本对推动《区域全面经济伙伴关系协定》谈判态度积极，表示争取尽快达成基本协议。2018年7月在日本举办的"区域全面经济伙伴关系"经济部长会议上，安倍晋三发表演讲称，"世界贸易保护主义抬头，《区域全面经济伙伴关系协定》谈判

① "Joint Statement of the Security Consultative Committee", https：//www. mofa. go. jp/files/000470738. pdf. （上网时间：2019年4月30日）

尤为瞩目，日本决心早日达成高质量的协议”。[①] 在同年11月举办的东亚峰会上，安倍晋三也表达了相同的立场。

在大陆东亚的战略方向上，日本改善和周边国家的关系，携手开展第三方合作取得了一些成果。日本积极实施“高质量基础设施出口”战略，扩大日本企业在东南亚国家的市场份额，强调基础设施合作中的高质量、透明性等原则；同时加速推进“高标准的自由贸易体制”，力图弥合参加“跨太平洋伙伴关系协定”谈判各国的分歧，并将之改造为《全面与进步跨太平洋伙伴关系协定》，以图打造一个有利于日本的高标准的自由贸易协定安排。2019年3月25日，安倍晋三在回答国会质询时称，亚洲市场对基础设施巨大的需求要中日两国合作来进行共同开发，自由、开放的“印太构想”并不是要和“一带一路”倡议对立，如果该倡议能够满足基础设施开放性、透明性、经济性和对象国财政健全性，日本将会加入“一带一路”框架。同年4月，在第二届“一带一路”国际合作高峰论坛上，日本自民党干事长二阶俊博将安倍晋三首相的亲笔信交给习近平主席，并表示“一带一路”倡议是有着巨大潜力的宏伟构想，日方积极评价中国通过这一构想为世界和地区做出重要贡献。这反映出了日本的矛盾之处：日本的发展离不开东亚大陆，但又不希望失

① 『世耕経済産業大臣がRCEP閣僚会合を開催しました』、http://www.meti.go.jp/press/2018/07/20180702008/20180702008.html。（上网时间：2018年8月20日）

去战略领导地位。可以说，在日本的对外政策中，美日同盟是支柱，和中国共同推进东亚合作可能是一种对冲手段。

从东亚金融合作角度来看，亚洲基础设施投资银行和亚洲开发银行之间虽然存在地缘政治竞争，但是长远来看两者有很大的合作空间，[①] 而且两个机构也已经取得了很多合作成果。例如：亚洲基础设施投资银行和亚洲开发银行各出资 1 亿美元、英国国际发展部出资 3400 万美元为巴基斯坦修建高速公路[②]；亚洲基础设施投资银行和亚洲开发银行各出资 1400 万美元为格鲁吉亚巴统修建高速公路[③]；由于跨安纳托利亚天然气管道具有显著战略性，亚洲基础设施投资银行获得了包括亚洲开发银行、欧洲复兴开发银行和欧洲投资银行的支持[④]；在亚洲基础设施投资银行的印度古吉拉特邦公路改造项目中，世界银行和亚洲开发银行也为该项目提供了资金支持。[⑤] 此外，亚洲基础设施投资银行和包括世界银行、亚洲开发银行在内的

① 在日本东京对笹川和平财团资深研究员小原凡司的访谈，2017 年 5 月 8 日。

② 亚洲基础设施投资银行：《巴基斯坦国家高速公路 M－4（绍尔果德—哈内瓦尔）项目》，https：//www. aiib. org/en/projects/approved/2016/pakistan－national－motorway. html。（上网时间：2018 年 11 月 22 日）

③ 亚洲基础设施投资银行：《格鲁吉亚巴统高速公路项目》，https：//www. aiib. org/en/projects/approved/2017/batumi－bypass－road－project. html。（上网时间：2018 年 11 月 22 日）

④ 亚洲基础设施投资银行：《阿塞拜疆跨安纳托利亚天然气管道项目》，https：//www. aiib. org/en/projects/approved/2016/trans－anatolian. html。（上网时间：2018 年 11 月 22 日）

⑤ 亚洲基础设施投资银行：《印度古吉拉特农村公路项目》，https：//www. aiib. org/en/projects/approved/2017/gujarat－rural－roads－project. html。（上网时间：2018 年 11 月 22 日）

多个资金提供机构协调合作，共同为基础设施项目提供融资，在加深亚洲国家间合作和提升东亚金融合作中起到积极作用。

从全球治理和区域合作角度来看，中日在东亚的多边主义合作将为两国带来繁荣。[①] 2018 年 5 月，李克强总理访问日本。在这次会面中，中日双方领导人表示在中日和平友好条约缔结40 周年之际，中日关系应该有新的开始，应扩大双方合作。两国再次开启海空联络机制，展示出合作的姿态。同时，两国对联手推动东亚合作重燃热情。双方表示希望加强在第三方市场的合作，并且加快《区域全面经济伙伴关系协定》和中日韩三边自由贸易协定的谈判。[②] 同年 10 月，安倍晋三在访华时表示，中日关系应该“从竞争到协调”“从威胁到合作”以及“发展自由公正的贸易体系”。随后，双方举办首次中日第三方市场合作论坛，签署了涉及基建、物流、信息技术、金融、能源等领域共计 52 份合作协议。

三、大陆战略取向的理性分析

从日本的地缘构成来看，海洋和大陆的战略选择困境将长期困扰日本的对外战略。古代日本就已经利用海洋进

① 在日本东京对日本青山学院大芝亮教授的访谈，2017 年 10 月 10 日。

② “Premier of the State Council of China Li Keqiang Visits Japan—Japan - China Summit Meeting and Banquet”, https://www.mofa.go.jp/a_o/c_m1/cn/page3e_000857.html.（上网时间：2018 年 11 月 15 日）

行贸易和对外交流，这一交流路线从欧亚大陆的东端开始南下一直沿着海上丝绸之路到达欧洲。西边的东亚大陆长久以来是日本唯一的战略方向。“黑船”事件之后，日本的战略方向从一个变为两个。在这两个战略方向之中，西边大陆方向显然占据主要地位，而东边的海洋方向则居于次要地位。

从1868年明治时代开始到1989年昭和时代落幕，日本的对外战略可以说经历了大起大落。在明治时代，日本战败陆上强国中国和俄罗斯，占领地处边远地带的朝鲜半岛和东南亚，而后深入到东亚大陆腹地。战略上升期贯穿了大正时代，直到日本迎来昭和时代，这一通过武力征服东亚大陆作为战略依托的战略达到了顶点。日本在西边构筑“大东亚共荣圈”，在东边则向美国发动战争。虽然西边势力范围为日本不断提供战略支撑，但是同时两线作战对这样一个资源有限的岛国是个巨大的挑战。最终，西太平洋战争的失败和中国人民反法西斯斗争的胜利让这一战略寿终正寝。日本不得不在昭和时代迎来美国的占领和东西方冷战的战略环境，其战略重心慢慢转向海洋。

美国担心日本重新追求进攻性战略，所以以宪法限制和同盟依赖双重手段将日本划到自己的战略框架中。美国对日本的改造可以说给日本在昭和时代的外交带来深刻影响。理查德·萨缪尔斯将这一时期的日本描述为：军事安全重度依赖美国，对经济安全高度重视，以经济实力作为对外主要影响力的“重商主义国家”。这样依托于美国和其太平洋伙伴关系，以海洋为主要战略方向的举措保证了日本的安全，将之再一次送上了强国宝座。到了 1989 年，日本迎来了平成时代，这一战略路线遭遇了一定的挑战。一方面是日本在海湾战争中反应迟缓，虽然为美国的军事行动提供了大量的经济支持，但是国际社会却出现了日本做得不够的声音。日本国内也出现了要更多地参与国际事务的声音。另一方面，在二战后成长起来的日本民众并没有亲历战场的经验。他们成长于美国庇护和被美国经济掠夺的日本经济增长时期。这样的历史经历让我们看到了两类特点鲜明的日本领导人：一类是受到二战后民族主义抬头和政治保守化影响的小泉纯一郎；另一类则是想要实现同周边国家和解来确立日本亚洲新形象，并且对美国经济掠夺不满的鸠山由纪夫。

在平成时代初期，日本表现出了和大陆深度融合的行为取向。从推动亚太区域主义转向东亚区域合作，日本国内也出现了对加深美日同盟关系质疑的声音，美日同盟也因此陷入了所谓的“漂流”时期。然而，美国对日本内政和外交施加压力很快结束了这一时期，并且警告日本不可在东亚合作上走排除美国的路。随着中国的崛起，日本在平成时代末期走上了一条同东亚大陆切割、全力拥抱海洋实现战略自主的道路。和其因为战败而从大陆转向海洋相比，这样的战略转变有两点不同：第一，这一转变的外部约束力较弱，自主意愿较强。二战结束后，日本不得不放弃其在东亚大陆上取得的“战利品”，接受美国的政治安排转变为一个海洋国家。而安倍晋三的海洋战略取向则是借助美国的“亚太再平衡”战略以及国内民族主义和保守主义政治势力冲击的背景，因而具有更强的战略自主意愿。第二，这一战略转变难以长期坚持。和二战后美国将日本拉入到自己领导的海洋联盟不同，特朗普政府并没有给日本提供一个和东亚大陆继续对抗的战略环境。日本不得不暂时放弃遏制中国地缘影响力的做法，以加深美日同盟的方式将美国留在东亚，重新和中国在东亚大陆上合作。

如果我们将明治时代到昭和时代前半期设定为日本对东亚大陆展开追逐的一端，将昭和时代后半期和平成时代末期设定为日本展开依托于海洋战略的另一端的话，我们会看到日本从明治维新以来的百余年时间里在陆海选择困境中的摇摆。平成时代初期，美日同盟处于“漂流”时期，日本对依赖于美国的海洋战略有所反思，偏好于追求大陆战略。这段时期日本国内民族主义和保守主义政治势力要求日本在亚洲追求更强的政治地位，甚至可以对美国说“不”。但是这种声音和日本掌控东亚大陆的努力很快就受到美国的“刺激”，日本做出主张“开放的区域主义”，确保美国在东亚存在的“反应”。到了平成时代末期，以中国为代表的东亚大陆的崛起让日本不得不向海洋一端推移。安倍晋三将中国视为地区秩序的挑战者，借着国内的民族主义和保守主义政治势力的力量贯彻其海陆对立的战略构想。在战略决策上，安倍晋三不断强化官邸在外交决策中的作用，官僚在外交决策中的影响和上一个时期相比变弱。这就意味着安倍晋三个人偏好的海洋战略取向可以更好地得到贯彻。

2019年5月1日，日本迎来了新的时代“令和”。“令和”出自日本经典著作《万叶集》第5卷的序文：“于时，初春令月，气淑风和。”安倍晋三首相在4月1日回答记者选择这一新年号的原因时说：美花盛开，宣告着春日的接近。希望大家都能拥有对未来的希望，像花朵一样盛放。怀揣希望深处这样美好的日本的愿望，我们定下了这个年号。安倍晋三之前也曾表示，希望能够不同于以往，从日本的经典而不是从中国的经典之中选择新的年号。这也暗含着其希望摆脱对东亚大陆依赖的意味。但是有意思的是，古代日本深受中国汉学的影响，《万叶集》的作者又大多是学识渊博的汉学家。这也就意味着日本文明的“独立”难以摆脱中国和东亚大陆的影子。

我们如果按照时间来梳理的话，会看到一个不断在大陆和海洋之间摇摆的日本。日本在昭和时代前半期将大陆作为战略方向进行殖民战争，在昭和时代后半期则是协从美国转向海洋；平成时代初期重新转向大陆导致美日同盟处于“漂流”状态，平成时代后半期则是拥抱海洋和大陆分割。在平成时代末期和令和时代开始，日本在脚踏美国和其海洋同盟的同时，身子正在向东亚大陆倾斜。而且这一倾斜趋势并未结束，有可能会如同之前：踏出一只脚，另一只脚留在海洋，甚至可能在更加长远的未来更多地走上大陆。安倍晋三试图将修改宪法作为其重要的政治遗产，让日本能够成为“正常国家”。但是其国内显然不具有这样的政治条件。同样，日本国内也没有做好修改宪法后成为一个获得周边国家原谅的“正常国家”的准备。

战略是一个长期执行并做出调整的计划，需要从较长的时段来观察。日本资深外交官兼原信克认为，外交战略应该是以十年为单位，长达百年的设计。[①] 大陆战略取向长久地影响了日本对东亚的合作行为。日本表现出根深蒂固地对主导东亚合作，主导东亚大陆发展，从而支配和领导整个东亚的战略追求。从地图上看，“大东亚共荣圈”“雁行模式”和“10＋3”领导人合作机制在地理范围上基本重合，而从战略实施的过程来看也极其相似：先是掌控东亚大陆边缘地带，而后向东亚大陆腹地进发，最终以掌控东亚大陆整体实现自己的发展作为战略目标。

从1997年开启东亚制度合作至今，如以十年为周期来看，大陆战略取向作用下的东亚合作行为呈现出一定的特点。

在第一个十年，日本同域内国家在地区问题上积极协调，共同推动“10＋3”为框架的东亚制度合作。面对世界经济集团化和亚太区域一体化艰难前行的压力，日本将东亚大陆作为其实现经济增长的核心区。外务省和经产省都将东亚大陆作为主要战略方向，但是在如何进行战略实

① 兼原信克、『国家、国益、価値と外交・安全保障』、谷内正太郎編『論集日本の外交と総合的安全保障』、ウェッジ、2011年版、第17－56頁。

施上取向不同。外务省显然顾虑到美国和其传统的亚太区域主义，对东亚区域主义态度谨慎。而经产省则将提振日本经济放在首位，表现出实用主义取向。两个战略决策部门在对待东亚合作问题上并非截然对立。日本的战略行为最终表现出了其想凭借强大的经济实力主导东亚合作进程的行为取向。将地处东亚大陆的中国、韩国和东盟各国纳入到日本领导的区域制度框架中，日本可以继续维持自明治维新以来在亚洲的优势地位，提高对美国讨价还价的能力，应对来自全球经济的压力。

在第二个十年，大陆战略取向逐渐走入困境。随着中国在东亚合作中影响力日益提升，中国不再是日本主导东亚的战略合作对象，反而成了战略竞争对手。日本不得不对百年来的战略传统做出调整寻找符合现实的战略取向。外务省和经产省在平衡中国的取向上日趋一致。两个战略决策部门都将中国视为主要竞争对手。日本加强和东盟国家间的联系意图主导东亚合作，企图将中国推到东盟的对立面。其不断加强和美国及其海洋同盟的关系，在东亚大陆边缘地带建立一个海洋战略协调体，欲将中国的影响力“推回”到大陆。尽管如此，这仍然难以达到限制中国影响力从大陆辐射向海洋的战略效果，还让其失去周边外交的支撑而无异于跛足前行。

第三个十年开始后，海洋仍然是日本主要的战略方向，大陆则是不可或缺的依托，甚至将再度成为未来的现实选择。日本改善对华关系，同中国在地区问题上进行协调与合作，展示出推进东亚合作实现区域共同发展的积极态度。外务省和经产省都将更多的精力放在推动《区域全面经济伙伴关系协定》谈判上，而非将美国拉回“跨太平洋伙伴关系协定”。2019 年 4 月，二阶俊博参加第二届“一带一路”国际合作高峰论坛。日本政府和企业同中国在科技、金融等方面的合作被作为代表性项目列入到“一带一路”国际合作高峰论坛公布的成果清单中。日本在积极实施“高质量基础设施出口”战略，扩大日本企业在东南亚国家的市场份额，强调基础设施合作中的高质量、透明性等原则。同时加速推进“高标准的自由贸易体制”，力图弥合参加“跨太平洋伙伴关系协定”谈判各国的分歧。从战略行为和战略构想来看，日本将在可以预见的未来实施一种依托于东亚大陆的海陆并重战略，在更加长远的未来可能会选择与中国携手再一次走入内陆。

海洋和大陆的战略选择困境将会长期困扰日本。转向大陆虽然在日本的对外战略行为中已经初露苗头，但是这一过程将是缓慢的。

二战战败后，日本接受美国的地区安排，转而拥抱其主导的太平洋秩序。成长于这一时期的日本领导人中，如安倍晋三首相显然将美日同盟放在首位，依托于其主导的海洋联盟实现日本在亚洲的领导地位。与他同一时期的鸠山由纪夫首相则对亚洲抱有感情，难忘美国对日本在 20 世纪 80 年代的经济打压。两位领导人的成长经历显然决定了他们在制定对外战略上选择不同的战略取向，在对外政策上有不同的偏好。成长于 21 世纪的日本年轻人经历了中日在东亚的权力转移、钓鱼岛问题给两国带来的负面影响、民族主义和民粹主义在全球的抬头、特朗普政府挥舞“贸易大棒”等这一系列事件，必将影响日本下一代政治精英对外交的看法。

在国家层面上，日本在不断深化和美国的同盟关系，以所谓的“共有价值观”加强和美国盟友在政治、经济、军事上的合作，强化日本—澳大利亚—印度军事作用。这些行动无疑将加强海洋战略取向在战略选择中的地位。但是，这种战略惯性能够坚持多久呢？一方面，日本作为美国的盟国，将长期受限于美日同盟。这一点从日本对中国企业的态度上就可以看出。另一方面，安倍晋三早已做出战略调整，改善中日关系并且和中国携手力推东亚区域共同发展，其所倡议的“印太战略”变为“印太构想”，这也就表明日本政府认识到和东亚大陆国家相对抗将难以长期持续。

参考文献

一、日文资料

（一）日文著作

1. 岡崎久彦、『戦略的思考とは何か』、中央公論社、1983 年版。

2. 谷口誠、『東アジア共同体 – 経済統合のゆくえと日本東アジア共同体 – 経済統合のゆくえと日本』、岩波書店、2004 年版。

3. 羽場久美子、『国際政治から考える東アジア共同体』、ミネルヴァ書房、2012 年版。

4. 羽場久美子、『グローバル時代のアジア地域統合：日米中関係とTPPのゆくえ』、岩波書店、2012 年版。

5. 小原雅博、『東アジア共同体：強大化する中国と日本の戦略』、日本経済新聞社、2005 年版。

6. 山本吉宣、納家政嗣、井上寿一、神谷万丈、金子

将史、『日本の大戦略（グランド・ストラテジー）：歴史的パワーシフトをどう乗り切るか』、PHP「日本のグランド・ストラテジー」研究会編、2012 年版。

7. 小島清、『小島清名誉教授自作年譜』、日本評論社、1984 年版。

8. 関静雄、『近代日本外交思想史入門』、ミネルヴァ書房、1999 年版。

9. 添谷芳秀、『日本の「ミドルパワー」外交—戦後日本の選択と構想』、筑摩新書、2005 年版。

10. 白石隆、『大陆アジアvs 海洋アジア：日本の国家戦略を考える』、ミネルヴァ書房、2016 年版。

11. 谷内正太郎編、『論集 日本の外交と総合的安 全保障』、ウェッジ、2011 年版。

12. 入江昭、『日本の外交』、中央公論社、1991 年版。

13. 青木健、『アジア太平洋経済圏の生成』、中央経済社、1994 年版。

14. 伊藤憲一、『海洋国家日本の構想』、日本国際フォーラムフォレスト、2001 年版。

15. 山影進編、『東アジア地域主義と日本外交』、日本国際問題研究所、2003 年版。

16. 中村民雄、須網隆夫、臼井陽一郎、佐藤義明、『東アジア共同体憲章案：実現可能な未来をひらく論議のために』、昭和堂、2003 年版。

17. 福島安紀子、『東アジア共同体と日本の針路』、

NHK 出版、2005 年版。

18. 田中均、『21 世紀日本外交の戦略的課題』、外交フォーラム、2005 年版。

19. 進藤榮一、平川均、『東アジア共同体を設計する』、日本経済評論社、2006 年版。

20. 高坂正尭、『海洋国家日本の構想』、中央公論新社、2008 年版。

（二）日文论文

21. 伊藤憲一、『日本外交と東アジア共同体構想』、『外交』、2010 年第 1 号。

22. 星野三喜夫、『「開かれた地域主義」と環太平洋連帯構想』、『新潟産業大学経済学部紀要』、2011 年 6 月。

23. 菅原淳一、『アジア太平洋地域における地域経済統合と日本の戦略 –「アジア太平洋」・「東アジア」の二つの潮流と、「架け橋」としての日本』、みずほ総研論、2012 年第 2 号。

24. 高原明生、『東アジアの多国間主義』、『国際政治』、2003 年 8 月、第 133 号。

25. 高埜健、『東南アジアにおける多国間主義』、『国際政治』、2003 年 8 月、第 133 号。

（三）日文档案

26.《日中战争（第 1 册）》。

27.《日本外交文书（昭和期 II 第二部第五卷）》。

28.《日中阁僚会议》，档案号：SA'·1·2·2·2014－1692。

29.《日中阁僚会议》，档案号：SA'·1·2·2·2014－2855。

30.《安倍外务大臣美国访问》，档案号：SA'·1·3·1·2015－1595。

31.《樱内外务大臣美国访问》，档案号：SA'·1·3·1·2014－2991。

32.《里根美国总统夫妻访日》，档案号：SA'·1·3·2·2015－2106。

33.《日美要员会谈》，档案号：SA'·1·2·2·2014－4987。

34.《本国对外政策调查研究关系（杂集 议事录第一卷）》，档案号：A'·1·1·0·1－14－1。

35.《本国对外政策关系（杂件、调书、资料第一卷）》，档案号：A'·1·0·0·16－1。

36.《本国对外政策调查研究关系（杂集第一卷）》，档案号：A'·1·1·0·1。

37.《本国对外政策调查研究关系（杂集第二卷）》，档案号：A'·1·1·0·1。

38.《本国对外政策调查研究关系（杂集第四卷）》，档案号：A'·1·1·0·1。

39.《东南亚中立地带构想》，档案号：SB'·19·

1·0·2014－3019。

40.《福田首相东南亚各国访问》，档案号：SA'·1·3·1·2010－6242。

41.《福田首相东南亚各国访问》，档案号：SA'·1·3·1·2011－0042。

42.《ASEAN各国日本公馆次席会议/对日批判问题》，档案号SA'·1·3·1·2010－0041。

43.《本国外交政策/环太平洋连带构想》，档案号：SA'·1·2·1·2015－2129。

44.《亚洲太平洋地域构想》，档案号：SA' 1·6·2·2010－4241。

45.《日美政策企画定期协议关系（第二卷）》，档案号：A'·1·4·1·2。

46.《日美贸易经济合同委员会关系第一回委员会（资料第一卷）》，档案号：E'·2·3·1·17－1－5。

47.《日美贸易经济合同委员会关系第二回委员会本会议（议事概要）》，档案号：E'·2·3·1·17－2－3－1。

48.《日美贸易经济合同委员会关系第二回委员会本会议（1962.12）》，档案号：E'·2·3·1·17－2－3。

49.《日美贸易经济合同委员会关系第四回委员会本会议各大臣发言》，档案号：E'·2·3·1·17－6－5－2。

50.《日美贸易经济合同委员会关系第六回委员会本会议发言》，档案号：E'·2·3·1·17－6－5－2。

51.《APEC》，档案号：SB'·19·3·9·2008－

0130。

52.《APEC阁僚会议（第3回）》，档案号：SB’·19·3·9·2008－0129。

53.《田中首相东南亚各国访问》，档案号：SA’·1·3·1·2014－5052。

54.《日本外交30年/最终稿》，档案号：SA’·1·2·1·2014－0029。

二、中文资料

（一）中文著作（含译著）

55.［美］理查德·罗斯克兰斯、阿瑟·斯坦主编，刘东国译：《大战略的国内基础》，北京大学出版社，2005年版。

56.［加］诺林·里普斯曼、［美］杰弗里·托利弗、［美］斯蒂芬·洛贝尔著，刘丰、张晨译：《新古典现实主义国际政治理论》，上海人民出版社，2017年版。

57.［德］施米特著，林国基、周敏译：《陆地与海洋——古今之“法”变》，华东师范大学出版社，2006年版。

58.［美］理查德·J. 塞缪尔斯著，刘铁娃译：《日本大战略与东亚的未来》，上海人民出版社，2010年版。

59.苏浩：《东亚整合的艰难之路：“平轴”—“胡桃”—“双核”模式的建构》，世界知识出版社，2018年版。

60. 张卫娣、肖传国：《近代以来日本国家战略的演变》，时事出版社，2013 年版。

61. 吴寄南：《新世纪日本对外战略研究》，时事出版社，2010 年版。

62. 周丕启：《大战略分析》，上海人民出版社，2009 年版。

63. 冯玮：《日本通史》，上海社会科学院出版社，2012 年版。

64. 刘从德：《地缘政治学：历史、方法与世界格局》，华中师范大学出版社，1998 年版。

65. 张德明：《东亚经济中的美日关系研究（1945—2000）》，人民出版社，2003 年版。

66. 郭定平主编：《东亚共同体建设的理论与实践》，复旦大学出版社，2008 年版。

（二）中文论文

67. 吕耀东：《战后日本外交战略理念及对外关系轨迹》，《日本学刊》，2015 年第 5 期。

68. 胡俊文：《“雁行模式”理论与日本产业结构优化升级——对“雁行模式”走向衰落的再思考》，《亚太经济》，2003 年第 4 期。

69. 王厚双：《雁行模式与日本的区域经济合作战略》，《日本研究》，1999 年第 4 期。

70. 文石：《雁行结构——日本主导亚洲经济的设想》，

《世界知识》，1992 年第 4 期。

71. 贺平：《从雁行发展模式到经济合作伙伴关系——日本的东亚合作构想与区域性公共产品的有效供给》，张建新主编：《复旦国际关系评论：国际公共产品与地区合作》，上海人民出版社 2009 年版。

72. 宋国友：《试析日本的东亚地区秩序战略》，《国际论坛》，2007 年第 6 期。

73. 周永生：《21 世纪初日本对外区域经济合作战略》，《世界经济与政治》，2008 年第 4 期。

74. 廉德瑰：《地缘政治与安倍的价值观外交》，《日本学刊》，2013 年第 2 期。

75. 王金辉、周永生：《简析安倍政府国际秩序构想及实质》，《日本学刊》，2017 年第 3 期。

76. 葛建华：《试析日本的“印太战略”》，《日本学刊》，2018 年第 1 期。

77. 朱清秀：《日本的“印太”战略能否成功？》，《东北亚论坛》，2016 年第 3 期。

78. 杨伯江、张晓磊：《日本参与“一带一路”合作：转变动因与前景分析》，《东北亚学刊》，2018 年第 3 期。

79. 刘江永：《通向东亚共同体之路：合作与创新——新形势下的综合性战略思考》，《外交评论》，2010 年第 2 期。

80. 刘江永：《鸠山的“东亚共同体”设想与东亚合作前景》，《国际观察》，2010 年第 2 期。

81. 黄大慧、韩爱勇：《东亚地区主义研究评析》，《外交评论》，2011 年第 3 期。

82. 莫盛凯：《没有地区主义的东亚合作》，《当代亚太》，2014 年第 2 期。

83. 江瑞平：《东亚合作与中日关系的互动：困局与对策》，《外交评论》，2014 年第 5 期。

84. 王胜今、于潇：《从中日关系的深层矛盾看“东亚共同体”的未来——兼论东亚合作中的矛盾与竞争》，《东北亚论坛》，2005 年第 6 期。

85. 陆伟：《荣誉偏执、身份迷思与日本战略偏好的转向》，《当代亚太》，2016 年第 4 期。

86. 宋均营、虞少华：《对“东亚共同体”建设的再思考》，《国际问题研究》，2014 年第 2 期。

87. 白如纯：《东亚区域合作与日本的政策选择》，《日本研究》，2010 年第 4 期。

88. 赵宏伟、叶琳：《东亚区域一体化进程中的中日关系》，《世界经济与政治》，2010 年第 9 期。

89. 包霞琴：《日本的东亚秩序观与“东亚共同体”构想》，《国际观察》，2004 年第 4 期。

90. 张蕴岭：《日本的亚太与东亚区域经济战略解析》，《日本学刊》，2017 年第 3 期。

91. 孙承：《日本的东亚共同体设想评析》，《国际问题研究》，2002 年第 5 期。

92. 孙承：《十年来日本对外经济战略的选择——从东

亚共同体到两个贸易协定》，《日本学刊》，2012 年第 5 期。

93. 宋均营：《鸠山“东亚共同体”构想评析》，《理论月刊》，2010 年第 6 期。

94. 吴怀中：《日本“东亚共同体”战略解析——以“东亚共同体评议会”报告为中心》，《日本学刊》，2006 年第 3 期。

95. 吴怀中：《安倍“战略外交”及其对华影响评析》，《日本学刊》，2014 年第 1 期。

96. 肖晞：《中国和平发展道路：文化基础、战略取向与实践意义》，《国际观察》，2015 年第 4 期。

97. 孙东方：《当前世界格局变动与中国和平发展的外交战略取向》，《当代世界与社会主义》，2012 年第 1 期。

98. 屈彩云：《日本防卫战略的西南取向》，《太平洋学报》，2012 年第 10 期。

99. 王智汪：《日本文化视野中的“中国”》，《国际论坛》，2017 年第 2 期。

100. 刘昌黎：《“鸠山构想”与中日共同推进东亚共同体》，《日本学刊》，2010 年第 1 期。

101. 朱锋：《日本为什么对中国这么强硬》，《现代国际关系》，2006 年第 4 期。

102. 吴澄秋：《东亚结构变迁与中日关系：权力转移理论视角》，《当代亚太》，2009 年第 1 期。

103. 黄凤志、刘瑞：《日本对“一带一路”的认知与应对》，《现代国际关系》，2015 年第 11 期。

104. 刘昌黎：《日本参加 TPP 谈判的动因及其制约因素与政策措施》，《日本学刊》，2011 年第 1 期。

三、英文资料

（一）英文著作

105. Okazaki Hisahiko, *A Grand Strategy for Japanese Defense*, America University Press, 1986.

106. Cantir Cristian, Juliet Kaarbo, eds., *Domestic Role Contestation, Foreign Policy, International Relations*, Routledge, 2016.

107. Donovan C. Chau, Thomas M. Kane, eds., *China and International Security: History, Strategy, and 21st – Century Policy*, Praeger, 2014.

108. Christopher M. Dent, *China, Japan and Regional Leadership in East Asia*, Edward Elgar Publishing, 2010.

109. E. A. Safarian, Wendy Dobson, *East Asia in Transition: Economic and Security Challenges*, Toronto University Press, 2002.

110. Fukushima Akiko, *Asia's New Multilateralism: Cooperation, Competition and the Search for Community*, Columbia University Press, 2009.

111. German Tracey, *Regional Cooperation in the South*

Caucasus: *Good Neighbours or Distant Relatives*?, Routledge, 2016.

112. Gilson Julie, *Asia Meets Europe*: *Inter – regionalism and the Asia – Europe Meeting*, Edward Elgar Publishing, 2002.

113. Hao Yufan, C. X. George Wei, Lowell Dittmer, eds., *Challenges to Chinese Foreign Policy*: *Diplomacy*, *Globalization*, *and the Next World Power*, Kentucky University Press, 2015.

114. Harrison Mark, eds., *The Economics of World War II*: *Six Great Powers in International Comparison*, Cambridge University Press, 2000.

115. Hayashi Shigeko, *Japan and East Asian Monetary Regionalism*: *Towards a Proactive Leadership Role*?, Routledge, 2006.

116. Hoehn Andrew R., et al., *Strategic Choices for a Turbulent World*: *In Pursuit of Security and Opportunity*, Vol. 6, Rand Corporation, 2017.

117. Ikenberry G. John, Chung in Moon, eds., *The United States and Northeast Asia*: *Debates*, *Issues*, *New Order*, Rowman & Littlefield Publishers, 2007.

118. John Dower, *Empire and Aftermath*: *Yoshida Shigeru and the Japanese Experience*, *1878 – 1954*, Harvard University Press, 1979.

119. Kanishka Jayasuriya, *Asian Regional Governance*:

Crisis and Change, Routledge, 2004.

120. Lantis Jeffrey S. , *US Foreign Policy in Action: An Innovative Teaching Text*, John Wiley & Sons, 2012.

121. Lester Thurow, *Head to Head: The Coming Economic Battle among Japan, Europe and America*, Morrow Publishers, 1992.

122. Pyle Kenneth, *Japan Rising: The Resurgence of Japanese Power and Purpose*, Public Affairs, 2009.

123. Robert Gilpin, *Global Political Economy: Understanding International Economic Order*, Princeton University Press, 2001.

124. Schenker David Kenneth, *Dancing with Saddam: The Strategic Tango of Jordanian – Iraqi Relations*, Lexington Books, 2003.

125. Zehfuss Maja, *Constructivism in International Relations: The Politics of Reality*, Cambridge University Press, 2002.

126. Zhang Yunling, Tang Shiping, eds. , *Power Shift: China and Asia's New Dynamics*, California University Press, 2005.

（二）英文论文

127. Acharya Amitav, "How Ideas Spread: Whose Norms Matter? Norm Localization and Institutional Change in Asia Re-

gionalism", International Organization, No. 2, 2004.

128. Bacon P., Burton J., "NATO - Japan Relations: Projecting Strategic Narratives of 'Natural Partnership' and Co-operative Security", *Asian Security*, Vol. 14, No. 1, 2018.

129. Bobrow Davis B., "Hegemony Management: The US in the Asia - Pacific", *The Pacific Review*, Vol. 12, No. 2, 1999.

130. Boyer Yves, "Europe's Future Strategic Orientation", *The Washington Quarterly*, Vol. 16, No. 4, 1993.

131. Brian C. Schmidt, "Competing Realist Conceptions of Power", *Journal of International Studies*, Vol. 33, No. 3, 2005.

132. Calder Kent E., "Japanese Foreign Economic Policy Formation: Explaining the Reactive State", *World Politics*, Vol. 40, No. 4, 1988.

133. Colin S., "Geography and Grand Strategy", *Comparative Strategy*, Vol. 10, No. 4, 1991.

134. Eric Heginbotham, Richard J. Samuels, "Mercantile Realism and Japanese Foreign Policy", *International Security*, Vol. 22, No. 4, 1998.

135. Fayle C. E., "Maritime Power and Continental Alliances", *Royal United Services Institution Journal*, Vol. 70, No. 478, 1925.

136. Fumitaka Furuoka, "Japan and the 'Flying Geese'

Pattern of East Asian Integration", *Journal of Contemporary Eastern Asia*, Vol. 4, No. 1, 2005.

137. Gene M. Grossman, Elhanan Helpman, "The Politics of Free – Trade Agreements", *The American Economic Review*, Vol. 85, No. 4, 1995.

138. Gilson Julie, "Strategic Regionalism in East Asia", *Review of International Studies*, Vol. 33, No. 1, 2007.

139. Glenn John, "Realism Versus Strategic Culture: Competition and Collaboration?", *International Studies Review*, Vol. 11, No. 3, 2009.

140. Gray Colin S., "Geography and Grand Strategy", *Comparative Strategy*, Vol. 10, No. 4, 1991.

141. Gray Colin S., "Inescapable Geography", *The Journal of Strategic Studies*, Vol. 22, No. 2 – 3, 1999.

142. Green Michael J., Zack Cooper, "Revitalizing the Rebalance: How to Keep U. S. Focus on Asia", *The Washington Quarterly*, Vol. 37, No. 3, 2014.

143. Hornung Jeffrey W., "Japan's Growing Hard Hedge Against China", *Asian Security*, Vol. 10, No. 2, 2014.

144. Hosoya Yuichi, "The Rise and Fall of Japan's Grand Strategy: The 'Arc of Freedom and Prosperity' and the Future Asian Order", *Asia – Pacific Review*, Vol. 18, No. 1, 2011.

145. Hosoya Yuichi, "Japan's Two Strategies for East Asia: The Evolution of Japan's Diplomatic Strategy", *Asia – Pacific*

Review, Vol. 20, No. 2, 2013.

146. Hughes Christopher W., "Japan's Response to China's Rise: Regional Engagement, Global Containment, Dangers of Collision", *International Affairs*, Vol. 85, No. 4, 2009.

147. Hund Markus, "ASEAN Plus Three: Towards a New Age of Pan – East Asian Regionalism? A Skeptic's Appraisal", *The Pacific Review*, Vol. 16, No. 3, 2003.

148. Hveem Helge, "Explaining the Regional Phenomenon in an Era of Globalization", *Political Economy and the Changing Global Order*, No. 2, 2000.

149. Inoguchi Takashi, "Japanese Ideas of Asian Regionalism", *Japanese Journal of Political Science*, Vol. 12, No. 2, 2011.

150. Raphael Israeli, "The Three Lakes in Japan's Strategy in East and Southeast Asia", *Strategic Analysis*, Vol. 24, No. 5, 2000.

151. Jain Purnendra, "Westward Ho! Japan Eyes India Strategically", *Japanese Studies*, Vol. 28, No. 1, 2008.

152. Jennifer A. Amyx, "Japan and the Evolution of Regional Financial Arrangement in East Asia", in Ellis S. Krauss, T. J. Pempel, eds., *Beyond Bilateralism: U. S. – Japan Relations.*

153. Johnston Alastair Iain, "Thinking about Strategic Culture", *International Security*, Vol. 19, No. 4, 1995.

154. Johnstone Christopher, "Strained Alliance: US – Japan

Diplomacy in the Asian Financial Crisis", *Survival*, Vol. 41, No. 2, 1999.

155. Katada Saori N., "Japan and Asian Monetary Regionalisation: Cultivating a New Regional Leadership after the Asian Financial Crisis", *Geopolitics*, Vol. 7, No. 1, 2002.

156. Katzenstein Peter, "Regionalism and Asia", *New Political Economy*, Vol. 5, No. 3, 2000.

157. Krauss Ellis, "The US, Japan, and Trade Liberalization: from Bilateralism to Regional Multilateralism to Regionalism", *The Pacific Review*, Vol. 16, No. 3, 2003.

158. Kurlantzick Joshua, "Pax Asia – Pacifica? East Asian Integration and Its Implications for the United States", *Washington Quarterly*, Vol. 30, No. 3, 2007.

159. Lee Oliver M., "The Geopolitics of America's Strategic Culture", *Comparative Strategy*, Vol. 27, No. 3, 2008.

160. Mimura Janis, "Japan's New Order and Greater East Asia Co – Prosperity Sphere: Planning for Empire", *The Asia – Pacific Journal: Japan Focus*, Vol. 9, No. 49, 2011.

161. Mochizuki Mike M., "Between Alliance and Autonomy", *Strategic Asia*, No. 5, 2004.

162. Nye Joseph, "The 'Nye Report': Six Years Later", *International Relations of the Asia – Pacific*, Vol. 1, No. 1, 2001.

163. Oba Mie, "TPP, RCEP and FTAAP: Mulitlayered

Regional Economic Integration and International Relations", *Asia – Pacific Review*, Vol. 23, No. 1, 2016.

164. Oros Andrew L., "Japan's Strategic Culture: Security Identity in a Fourth Modern Incarnation?", *Contemporary Security Policy*, Vol. 35, No. 2, 2014.

165. Oros, "Democracy in Action in Japan's Foreign and Security Policy Making", *Education about Asia*, Vol. 15, No. 3, 2011.

166. Terutomo Ozawa, "The (Japan – Born) 'Flying – Geese' Theory of Economic Development Revisited – and Reformulated from a Structuralist Perspective", *Global Policy*, Vol. 2, No. 3, 2011.

167. Park Jinsoo, "Political Rivals and Regional Leaders: Dual Identities and Sino – Japanese Relations within East Asian Cooperation", *Chinese Journal of International Politics*, Vol. 6, No. 1, 2013.

168. Paul Midford, "New Directions in Japan's Security: Non – US Centric Evolution, Introduction to a Special Issue", *The Pacific Review*, Vol. 31, No. 4, 2018.

169. Gilbert Rozman, "Internationalism and Asianism in Japanese Strategic Thought from Meiji to Heisei", *Japanese Journal of Political Science*, Vol. 9, No. 2, 2008.

170. Richard J. Samuels, Narushige Michishita, "Hugging and Hedging: Japanese Grand Strategy in the 21st Century",

Worldviews of Aspiring Powers: Domestic Foreign Policy Debates in China, India, Iran, Japan, and Russia, Oxford University Press, 2012.

171. Richard J. Samuels, "Japan's Goldilocks Strategy", *Washington Quarterly*, Vol. 29, No. 4, 2006.

172. Richard J. Samuels, "Securing Japan: The Current Discourse", *The Journal of Japanese Studies*, Vol. 33, No. 1, 2007.

173. Shambaugh David, "Assessing the US 'Pivot' to A-sia", *Strategic Studies Quarterly*, Vol. 7, No. 2, 2013.

174. Sohn Yul, "Japan's New Regionalism: China Shock, Values, and the East Asian Community", *Asian Survey*, Vol. 50, No. 3, 2010.

175. Storey Ian, "Japan's Maritime Security Interests in Southeast Asia and the South China Sea Dispute", *Political Science*, Vol. 65, No. 2, 2013.

176. Tanaka Hitoshi, Adam P. Liff, "Japan's Foreign Policy and East Asian Regionalism", *Council on Foreign Relations*, 2009.

177. Terada Takashi, "The Origins of ASEAN + 6 and Japan's Initiatives: China's Rise and the Agent – Structure A-nalysis", *The Pacific Review*, Vol. 23, No. 1, 2010.

178. Terada Takashi, "Constructing an 'East Asian' Concept and Growing Regional Identity: from EAEC to ASEAN + 3",

The Pacific Review, Vol. 16, No. 2, 2003.

179. Terada Takashi, "Forming an East Asian Community: a Site for Japan – China Power Struggles", *Japanese Studies*, Vol. 26, No. 1, 2006.

180. Urde Mats Carsten Baumgarth, Bill Merrilees, "Brand Orientation and Market Orientation—from Alternatives to Synergy", *Journal of Business Research*, Vol. 66, No. 1, 2013.

181. Van Ness Peter, "Hegemony, not Anarchy: Why China and Japan are not Balancing US Unipolar Power", *International Relations of the Asia – Pacific*, Vol. 2, No. 1, 2002.

182. Waltz Kenneth, "International Politics is not Foreign Policy", *Security Studies*, Vol. 6, No. 1, 1996.

183. Webber Douglas, "The Regional Integration that Didn't Happen: Cooperation without Integration in Early Twenty – First Century East Asia", *The Pacific Review*, Vol. 23, No. 3, 2010.

184. Wilkins Thomas S., "After a Decade of Strategic Partnership: Japan and Australia 'Decentering' from the US Alliance?", *The Pacific Review*, Vol. 31, No. 4, 2018.

185. Wirth Christian, "Securing Japan in the 'West': The US – Japan Alliance and Identity Politics in the Asian Century", *Geopolitics*, Vol. 20, No. 2, 2015.

186. Yeo Andrew, "Overlapping Regionalism in East Asia: Determinants and Potential Effects", *International Rela-*

tions of the Asia – Pacific, Vol. 18, No. 2, 2016.

187. Yoshimatsu Hidetaka, "Japan's Export of Infrastructure Systems: Pursuing Twin Goals through Developmental Means", *The Pacific Review*, Vol. 30, No. 4, 2017.

188. Zhang Yunling, "Emerging New East Asian Regionalism", *Asia Pacific Review*, Vol. 12, No. 1, 2005.

189. Zhang Yun, "Multilateral Means for Bilateral Ends: Japan, Regionalism, and China – Japan – US Trilateral Dynamism", *The Pacific Review*, Vol. 27, No. 1, 2014.

190. Zhao Quansheng, "Japan's Leadership Role in East Asia: Cooperation and Competition between Japan and China", *Policy and Society*, Vol. 23, No. 1, 2004.

图书在版编目（CIP）数据

日本的大陆战略取向及其东亚合作/朱荣生，申险峰著．—北京：时事出版社，2023.6

ISBN 978-7-5195-0536-3

Ⅰ．①日…　Ⅱ．①朱…　②申…　Ⅲ．①发展战略—研究—日本　②国际合作—经济合作—研究—日本、东亚　Ⅳ．①D731.3②F131.354

中国国家版本馆 CIP 数据核字（2023）第 031931 号

出版发行：时事出版社
地　　址：北京市海淀区彰化路 138 号西荣阁 B 座 G2 层
邮　　编：100097
发行热线：（010）88869831　88869832
传　　真：（010）88869875
电子邮箱：shishichubanshe@sina.com
印　　刷：北京良义印刷科技有限公司

开本：787×1092　1/16　印张：12　字数：120 千字
2023 年 6 月第 1 版　2023 年 6 月第 1 次印刷
定价：78.00 元